WELTFINANZSYSTEM IN BALANCE

für meine Familie

und

für uns alle

WELTFINANZSYSTEM IN BALANCE

Die Krise als Chance für eine
nachhaltige Zukunft

Dirk Solte

Terra Media Verlag
Berlin

Zu dem Autor:

PD Dr. Dirk Solte ist Stellvertreter des Vorstands des Forschungsinstituts für anwendungsorientierte Wissensverarbeitung/n (FAW/n) / Ulm.
Er ist Privatdozent für Betriebswirtschaftslehre an der Universität St.Gallen HSG (Schweiz).
Er ist Chefökonom des BWA - Bundesverband für Wirtschaftsförderung und Außenwirtschaft und leitet die Kommission „Steuern und Finanzmarkt“.

Korrespondenzadresse:

FAW/n, Lise-Meitner-Straße 9, D-89081 Ulm
Telefon 0731 - 50 39 200, Telefax 0731 - 50 39 111
E-Mail: solte@faw-neu-ulm.de
Web: faw-neu-ulm.de

ISBN 978-3-9811715-4-9, 1. Auflage, Februar 2009

Herausgeber:

Terra Media Verlag, Berlin
Die Deutsche Bibliothek - CIP-Einheitsaufnahme
Ein Titelsatz für diese Publikation ist bei der Deutschen Bibliothek erhältlich

Umschlaggestaltung, Satz und Gestaltung:

Robert Martinez, Ulm

Inhalt:

Vorwort

Seit dem Jahr 2004 ist ein Schwerpunktthema der Arbeiten am Forschungsinstitut für anwendungsorientierte Wissensverarbeitung/n in Ulm die Analyse von Wirkungszusammenhängen im Weltfinanzsystem. Ziel ist ein systemisches Verständnis der Verhältnisse, um daraus Handlungserfordernisse und Lösungsoptionen abzuleiten. Ergebnisse dieser Analysen wurden 2006 im Buch von Dirk Solte: **„Weltfinanzsystem am Limit - Einblicke in den „Heiligen Gral" der Globalisierung"** zusammengestellt und im Jahr 2007 veröffentlicht. Die Erkenntnisse daraus waren eindeutig. Ein „weiter so" war aufgrund des erreichten Zustandes des Systems und der gegebenen Wirkungsmuster unmöglich. Drei Szenarien konnten als Zukunftsattraktoren bestimmt werden:

- Ein Kollaps der Finanzsysteme
- Ein Auseinanderdriften der Gesellschaft in einen Gewinnerteil und einen weitaus größeren Verliererteil
- Das Einschlagen eines Weges zur Balance über eine geeignete Reform des Finanz- und Steuersystems, verbunden mit korrespondierenden Veränderungen im Bereich der Realwirtschaft.

Die im Jahr 2008 eskalierende Krise, deren Wirkungsmuster in dem Buch **„Weltfinanzsystem am Limit - Einblicke in den „Heiligen Gral" der Globalisierung"** vorher gesagt wurden, bedeutet, dass wir uns (entscheidungstheoretisch betrachtet) nun an einem so genannten „tipping point" befinden. Es werden aktuell die Weichen dafür gestellt, welche Richtung der weitere Verlauf nehmen wird. Wenn die jetzt erfolgenden politischen Maßnahmen nicht auch eine Reform der Steuersysteme umfassen und hierbei international die Harmonisierung von Steuerbemessungsgrundlagen und die „Einhegung" von Steueroasen vorantreiben, bzw. über geeignete globale Regeln, die unterschiedlichen nationalen Regelsetzungen ausgleichen um Steuerumgehungen zu unterbinden, ist nicht mit einer Balance zu rechnen.

Ein wichtiger Baustein für eine balancierte Zukunft ist ein auf Nachhaltigkeit ausgerichtetes Finanz- und Steuersystem. Dies ist ein überaus schwieriges Thema, umso mehr, da es sich in einer globalisierten Welt in den gegebenen internationalen Problemrahmen einbetten muss und dies auch noch in einer akuten Krisensituation der Weltökonomie.

Ich danke den Stiftern des FAW/n, die es uns ermöglicht haben, in den vergangenen Jahren die wesentlichen Vorarbeiten zu leisten, auf deren Basis die Ausarbeitung eines Lösungsvorschlags in Angriff genommen werden konnte. Insbesondere die FAW/n-Stifter BWA Bundesverband für Wirtschaftsförderung und Außenwirtschaft, die Zwick / Roell AG und Herr Klaus Wiegandt mit seiner

Stiftung „Forum für Verantwortung“ haben dieses Projekt auch finanziell unterstützt. Weitere Stifter haben die Aktivitäten auf anderen Wegen gefördert, wofür ich mich an dieser Stelle bedanke. Die Aufgabe ist hochkomplex und verfolgt ein ambitioniertes Ziel und das aktuelle Umfeld ist alles andere als einfach. Ich danke Herrn PD Dr. Dirk Solte, dass er sich mit der ihm eigenen Hartnäckigkeit, analytischem Scharfsinn und großer Ausdauer dieser Herausforderung gestellt hat.

Die vorliegende Ausarbeitung setzt auf den genannten Analysen zur Situation des Weltfinanzsystems auf und konzipiert ein zukunftsfähiges Geld- und Steuersystem, inklusive ergänzender Abgabesysteme zur Finanzierung von weltweitem sozialem Ausgleich, zur Förderung einer tragfähigen Zukunftsperspektive. Dabei wird die besonders schwierige internationale Situation hinsichtlich der Umwelt- und Ressourcennutzung und die schwierige Finanzsituation der öffentlichen Hände weltweit in die Überlegungen eingebunden. Das Konzept ist insofern orientiert an den insgesamt bestehenden globalen Herausforderungen. Die Weltfinanzordnung und die dort notwendigen Veränderungen sind in diesen Problemkontext eingebettet. Im Besonderen wird dabei auch der Aspekt berücksichtigt, dass Wachstum kein Ziel an sich sein darf. So sehr Wachstum helfen kann, viele der anstehenden Probleme zu lösen, so offensichtlich ist zugleich, dass Wachstum die bestehenden Limitationen der knappen Ressourcen auf diesem Planeten, inklusive der Klimathematik, als harte Grenze berücksichtigen muss.

Wachstum wird dennoch mit Blick auf eine Welt mit etwa 10 Milliarden Menschen im Jahr 2050 weiterhin erforderlich sein, auch um einen konsensfähigen Prozess zu einer Welt in Balance zu beschreiten. Dieses Wachstum muss ressourcenverträglich sein. Das Weltfinanzsystem ist eine wichtige Regelungskomponente dafür, diese Ressourcenverträglichkeit, u. a. über eine gezielte Steuerung der Geldmengen, zu gewährleisten.

Eine besondere Herausforderung war die Aufgabenstellung, im Rahmen der Untersuchungen einen Weg aufzuzeigen, wie man vom Status Quo ausgehend in realistischen Schritten - und ohne Kollaps - zu einem langfristig tragfähigen Weltfinanzsystem wechseln kann. Für die Erarbeitung eines solchen Wegs hat die Weltfinanzsystemkrise nicht viel Zeit gelassen. Blaupausen lagen nirgendwo „in der Schublade". Ob es ohne Kollaps gelingt, zu einer langfristig wirklich stabilen Situation zu kommen, hängt nach den am FAW/n durchgeführten Analysen entscheidend davon ab, ob die bisher getroffenen Maßnahmen auf politischer Ebene relativ rasch in Richtung auf eine notwendige Reform auch der Steuersysteme und die internationale Harmonisierung dieser Systeme ergänzt werden. Dabei sind kritische Problemdimensionen mit Blick auf die Realökonomie, z. B. die Arbeitsplatzsituation, mit in die Überlegungen einzubeziehen.

Die zentrale Bedeutung der Steuerthematik ist bis heute nicht Allgemeingut. Dieser Punkt ist der Dreh- und Angelpunkt des vorliegenden Textes und Lösungsvorschlags. Die Chance für gezieltes Handeln, auch in Bezug auf die Steuerthematik, ist da. Und zumindest in Bezug auf die „Einhegung“ der Steuerparadiese wird mittlerweile in diesem Bereich auch gehandelt. Das ist mehr als nichts. Und zu beachten ist: Nah-chaotische Situationen, wie die aktuelle Krise, die sich ohne wirksame Gegenmaßnahmen immer stärker auf alle Bereiche der Realwirtschaft ausdehnt, eröffnen ein Fenster für gezieltes Handeln - wohl die einzig mögliche Konstellation, um überhaupt ein solches Fenster zu ermöglichen. In diesem Buch wird hierzu ein pragmatischer Vorschlag unterbreitet. Dabei ist die entscheidende Zielsetzung die Gewinnung zusätzlicher Einnahmen der öffentlichen Hand ohne weitere Belastung der nationalen Budgets. Es passt gut, dass diese Mittel im Rahmen einer weltweiten Reform der Finanz- und Steuersysteme aufgebracht werden könnten, indem die bisher möglichen Wirkungsketten zur Vermeidung von Steuerzahlung verhindert werden. Der Finanzierungsbeitrag würde weitgehend von den bisherigen Profiteuren der Globalisierung und des aktuellen weltökonomischen Systems kommen, also zum großen Teil von „Freeridern“, die sich bislang nicht in einem fairen Maße an der Finanzierung der Grundlagen für Wohlstand und Wertschöpfung beteiligt haben, obwohl gerade sie von diesen Grundlagen und Voraussetzungen am stärksten profitiert haben und auch zukünftig profitieren werden.

Dirk Solte legt mit der Ausarbeitung einer Lösungskonzeption ein weiteres wichtiges Buch vor. Wir hoffen, dass dies einen Beitrag dazu leisten kann, dass es die Politik schafft, die Weichen in Richtung auf eine balancierte Welt zu stellen. Dies ist eine Welt, in der auf globaler Ebene ökologischer und sozialer Raubbau verhindert werden, die Balance zwischen den Kulturen erhalten wird und Zukunft mit Perspektive für alle Menschen - und das werden bald 10 Milliarden Menschen sein - erreicht werden kann. Einer globalisierten Welt, in der gilt: Ökosozial statt Marktradikal.

Ulm, im Dezember 2008

Prof. Dr. Dr. F. J. Radermacher
Vorstand des FAW/n, Ulm
Präsident des BWA, Berlin
Mitglied des Club of Rome

Einleitung

In den vergangenen Jahren wurden am FAW/n intensive Anstrengungen unternommen, die Regeln, Akteure und Wirkungsmuster, die das Weltfinanzsystem bilden, zu identifizieren und zu analysieren. Die Dokumentation der dabei gewonnenen Erkenntnisse und Ergebnisse findet sich insbesondere in dem Buch: Dirk Solte, „Weltfinanzsystem am Limit – Einblicke in den „Heiligen Gral" der Globalisierung", Terra Media, Berlin, 2007. Bei dem derzeitigen Stand der nationalen und internationalen Gesetzeslage wurden darin die als kritisch und problematisch einzustufenden Aspekte herausgearbeitet. Auf der Basis umfangreichen Zahlenmaterials wurde unter Berücksichtigung der beobachteten Wirkungszusammenhänge aufgezeigt, welche möglichen Zukünfte zu sehen sind. Eine langfristig stabile, konsistente und mit Nachhaltigkeit kompatible Architektur des Weltfinanzsystems als wichtigem Teil einer globalisierten Marktwirtschaft, die den Menschen dient und die Natur beachtet, wie sie das Anliegen des vorliegenden Textes ist, ist die weniger wahrscheinliche Zukunft. Die aktuellen Tendenzen bezüglich der Zukunft des Weltfinanzsystems laufen mit einer geschätzten Wahrscheinlichkeit von ca. 65 % eher in Richtung auf einen Zusammenbruch des Weltfinanzsystems (15 %) oder eine Situation einer politisch prekären extremen Ungleichheit in der Verteilung von Vermögen und Konsum (50 %). Letzteres verbunden mit einer völlig unbalancierten Situation bzgl. der Partizipation der Menschen am weltweit vorhandenen Wohlstand und an der Nutzung der natürlichen Ressourcen dieser Welt. Dieser Zustand wird als Brasilianisierung oder Neo-Feudalisierung beschrieben.

Im aktuellen Text wird ein Finanz- und Steuersystem konzipiert, das auf die globalen Herausforderungen den Teil der Antwort liefert, der über das Geld- und fiskalische System geleistet werden kann.

Hinsichtlich der Herangehensweise an diese Aufgabenstellung wurde ein systemtheoretischer Zugang gewählt. Den Ausgangspunkt bildet der insgesamt gegebene globale Problemrahmen, in dem sich die konsistente Weltfinanzordnung einbetten muss (Kapitel I). Dabei wurde auch ausgearbeitet, welchen Beitrag eine entsprechende Reform des Finanz- und Steuersystems für einen möglichen Lösungspfad leisten kann, für ein konkretes politisches Handeln zur Lösung des globalen Gesamtproblems. Hierzu wird in Kapitel II eine Strategie dargestellt, mit der die wesentlichen weiteren absehbaren Probleme in den Bereichen „Umwelt" und „Soziales" über eine verbindliche Verabredung entsprechender Standards für den globalisierten Markt mittelfristig gelöst werden können. So kommt man zu einer **Ökosozialen Marktwirtschaft**.

Aus dem gesamten Problemrahmen und der dafür aufgezeigten Handlungsoption zur Lösung der Probleme werden als erster Schritt die Zielsetzungen heraus gearbeitet, für die ein geeignetes Weltfinanzsystem eine effiziente Erreichung gewährleisten muss (Kapitel III). Es sind die Ziele, aus denen sich dann die Operationalisierung der Weltfinanzordnung ableitet, denn das Weltfinanzsystem ist aus Sicht dieses Textes kein Selbstzweck. Vielmehr muss es als System zur Erreichung der vorab definierten Ziele im Sinne von Effektivität beitragen. Dabei ist zugleich auch ein Beitrag dazu zu leisten, dass die Zielerreichung möglichst effizient gelingt. Die Ziele sind es also, auf die eine Steuerung von beispielsweise Geldmengen, Steuersätzen usw. auszurichten ist.

In Kapitel IV erfolgt die Operationalisierung dieser Ziele. Dazu werden die wesentlichen Eckpunkte des Systems aufgezeigt, die in Summe eine Wirkungsstruktur induzieren, die auf Zielerreichung hin ausgelegt ist. In Kapitel V werden diese Eckpunkte für die drei Bereiche Geldsystem, Steuersystem und die Finanzierung von Ausgleichsprozessen detailliert. Als Detaillierungsgrad wurde dabei eine Konkretisierung gewählt, bei der die prinzipiellen Ansätze für eine Umsetzung über entsprechende Gesetze und Regelungen deutlich gemacht werden.

Dies ist die Basis für eine Diskussion der Ansätze im Detail, die wiederum die Voraussetzung dafür schafft, eine formal-juristische Überführung der Überlegungen in Gesetze und Regelungen vornehmen zu können. Diese Aufgabe ist allerdings nicht der Gegenstand und Anspruch der vorliegenden Ausarbeitung - das müssen gegebenenfalls andere an anderer Stelle leisten. Hier soll von prinzipiell-methodischen Überlegungen her kommend ein Vorschlag für aktuelle Reformbemühungen auf internationaler Ebene unterbreitet werden, und zwar innerhalb des konzeptionellen Rahmens einer weltweiten Ökosozialen Marktwirtschaft, im Rahmen eines „Balanced Way".

Ulm, im Dezember 2008 *Dirk Solte*

I. Problemrahmen für eine konsistente Weltfinanzordnung

I.1. Bevölkerungswachstum und Konsum

Ein erster wichtiger Aspekt der Globalisierung ist die Entwicklung der Größe der Menschheit[1].

1830	*1930*	*1965*	*2000*	*2007*	*2050*
1 Mrd.	2 Mrd.	3 Mrd.	6 Mrd.	6,8 Mrd.	~10 Mrd.

Ein zweiter Aspekt der Globalisierung ist der Konsum und die Ressourcen(über)nutzung. Wie viel Umwelt nehmen wir als Menschheit für uns in Anspruch?[2] Bei dem aktuellen Verteilungsmuster hinsichtlich der Partizipation an Wohlstand im Sinne einer Teilhabe am Weltbruttoinlandsprodukt und der damit verbundenen Nutzung der Ressourcen dieser Erde („Umweltkapital") ergibt sich hochgerechnet auf der Basis der Daten zum ökologischen Fußabdruck[3], die für das Jahr 2003 vorliegen, folgende Situation:

Die ca. 6,8 Milliarden Ende 2007 auf diesem Planeten lebenden Menschen benötigen - bei der derzeit nicht nachhaltigen Ressourcennutzung - und bei Beibehaltung des derzeitigen Konsumniveaus von ca. 50 Bill. $ BIP (Bruttoinlandsprodukt) - ca. 1,35 Planeten. Die ca. 1 Milliarde Menschen in den „entwickelten" OECD-Ländern (BIP ca. 40 Bill. $) benötigen davon alleine schon ca. 0,75 Planeten bzw. die entsprechenden Ausgangsressourcen. Dies ist so zu interpretieren, dass wir schon heute mehr als die auf unserer Erde verfügbaren Flächen für Nahrungsmittelanbau, Wasser- und Fischwirtschaft, Weideflächen, Waldflächen als CO_2-Senken etc. und weiterer Agrarflächen zum Anbau von Biomasse zur Energieerzeugung benötigen würden, wenn wir unseren gesamten Rohstoff- und Ressourcenbedarf „nachwachsend" decken würden. Ein „fairer" Anteil für andere Lebewesen wird dabei noch nicht einmal einkalkuliert. Wir betreiben Raubbau an der Vergangenheit, u. a. weil wir in relativ kurzer Zeit Energiedepots (insbesondere Öl, Gas und Kohle) verbrauchen, deren Entstehung viele Millionen Jahre benötigt hat. Wir verdrängen andere Lebensformen von unserem Planeten und wissen nicht einmal, welche Folgen dies für unseren Lebensraum haben wird. Wir betreiben Raubbau an der Zukunft, denn die Klimaveränderungen rückgängig zu machen, die aus dem Ausstoß von zu viel Treibhausgasen resultieren, wird viele Jahrzehnte, wenn nicht sogar Jahrhunderte in Anspruch nehmen[4]. Unter Umständen sind die Prozesse auch irreversibel.

Weltweit leben heute - nach unseren europäischen Maßstäben[5] - **5,6 Mrd. Menschen in Armut**, über 10 Millionen, meist Kinder, verhungern jedes Jahr[6]. Viele Millionen Menschen sterben an Aids, Malaria und anderen Infektionskrankheiten[7]. Und nur weil auch jedes Jahr über 45 Millionen Schwangerschaftsabbrüche vorgenommen werden[8], ist das Anwachsen der Weltbevölkerung bis zum Jahr 2050 nicht noch dramatischer.

Dieser Zustand ist nicht „nachhaltig", d. h. er ist weder mit dem Grundprinzip der **Menschenwürde** noch mit dem Gedanken der Wahrung der **Würde der Natur** vereinbar[9]. Die Frage ist, wie wir mit dieser offensichtlich problematischen Situation umgehen? Ist unsere Zukunft vorbestimmt oder haben wir die Möglichkeit, darauf Einfluss zu nehmen? Was sind die Alternativen? Was müssen wir tun?[10]

Zunächst sollte Folgendes klar sein: Wenn wir die „Würde der Natur" mit Füßen treten und immer mehr verbrauchen, als uns die Erde nachhaltig zur Verfügung stellen kann, und wenn wir immer mehr Abfälle und Schadstoffe in der Natur ablagern, die nicht mehr in einem vernünftigen Zeitraum den Weg in den natürlichen Kreislauf finden, kommt es unweigerlich zum Kollaps für die Menschheit [3]. Die Natur lässt sich von uns nicht dazu zwingen oder dazu überreden mehr zu ertragen als sie verkraften kann! Die Menschheit hat also nur die Wahl, die **Würde der Natur** zu beachten, wenn sie darin überleben will. Dies ist **derzeit nicht gewährleistet**.

Bei dem Lebensstil und dem damit verbundenen Ressourcenverbrauch der USA würde unser Planet - nachhaltig genutzt - gerade einmal für 1 Mrd. Menschen beim derzeitigen Stand der Technologie (Ressourceneffizienz) ausreichen. Wenn alle heute lebenden Menschen einen Durchschnittskonsum auf dem Niveau der entwickelten OECD-Staaten hätten, würden heute ca. 5 Planeten (6,8 x 0,75) benötigt[11]. Für die zu erwartenden 10 Mrd. Menschen im Jahre 2050 würden entsprechend - bei der heute eingesetzten Technologie - 7,5 Planeten (10 x 0,75) benötigt. Das weltweite Bruttoinlandsprodukt müsste dabei von ca. 50 Bill. $ (2007) auf ca. 500 Bill. $ **real** (d. h. inflationsbereinigt um ca. 6 % pro Jahr) wachsen.

I.2. Zukunftsoptionen der globalen Gesellschaft

Um eine Beachtung der Würde der Natur zu gewährleisten, also eine Übernutzung zu verhindern, gibt es bei unserem heutigen Konsum und unserer heutigen Technologie der Erzeugung von Waren und Dienstleistungen nur zwei Alternativen [13]:

Eine Möglichkeit ist, wir erzwingen eine noch ungleichere Teilhabe an Konsum und Wohlstand. Die knappen Ressourcen werden dabei von einer kleinen Elite beansprucht, der Großteil der Menschen muss sich auf das Notwendigste beschränken. Es gibt dann einerseits ein „exklusives Marktsegment“ und andererseits die Discounter mit den ressourcenarmen Massengütern. Die Konsequenz ist bei wachsender Gesamtzahl der Menschen eine „Brasilianisierung“ der Welt[12]. Wir leben dann in einer **Zwei-Klassen-Gesellschaft**, in der „gleiches Recht für alle“ nicht gilt. **Die Würde des Menschen bleibt auf der Strecke**, u. a. auch, weil dann dem jetzt schon überdeutlich zu Tage tretenden Hass, Gewalt und Terror mit massiven Eingriffen begegnet werden muss und - sogar über den Aufbau von Mauern und Zäunen - begegnet wird. Dies ist sicher nicht die Wunschzukunft für die Mehrheit der Menschen, kann aber durchaus für die „Eliten“ attraktiv sein. Manifestiert sich doch so eine globale **Feudalstruktur** mit wenigen „Herren“ und vielen (äußerst preisgünstigen) „Dienern“ und „Dienerinnen“.

Demgegenüber steht - als zweite Möglichkeit - das Ziel einer fairen Teilhabe an Wohlstand und Wertschöpfung[13], unter Beachtung der Würde der Natur (d. h. dem verantwortungsvollen Umgang mit den knappen Umweltressourcen).

„Wohlstand für alle" - für Mensch und Natur. Dazu müssen wir mit weniger Umweltnutzung viel mehr (am besten zehnmal soviel) Wertschöpfungsbeiträge zur Ermöglichung von Lebensqualität leisten als heute möglich [19], aber auch eine faire Verteilung erreichen[14]. Denn fair nur das zu verteilen, was wir heute nachhaltig produzieren können, ist weder erstrebenswert, noch ist eine Durchsetzung wahrscheinlich [15]. Die heute „reichen" Menschen müssten dazu ihren Konsum um 85 % reduzieren. Jeder hätte dann im Durchschnitt nur noch ein Drittel dessen, was wir heute bei uns als „arm" bezeichnen[15]. Gleichzeitig müssten alle Menschen in den heute unterentwickelten Ländern auf ein Lebensniveau, das wir ihnen „vorgelebt" haben, verzichten. Und wer von den vielen und immer mehr Erwerbstätigen dürfte dann erwerbstätig sein, wenn es kein signifikantes Wachstum der gesamten Wertschöpfung gibt? Wie und in welchem Maße kann man dann Höchstleistungen, z. B. in der Medizin, erwarten? Auf diese Fragen findet man leichter eine Antwort, wenn eine ressourcen-verträgliche Ausweitung der Wertschöpfung mit Überführung in eine dauerhafte „nachhaltige Balance" gelingt.

Das bedeutet aber, um bei einer zehnfachen Wertschöpfungsleistung mit nur einer Erde „auszukommen", muss die Ressourceneffizienz (in Bezug auf den derzeitigen OECD-Stand) auch um den Faktor 10 verbessert werden. Dies stellt die vor uns liegende „doppelte Herausforderung" für eine „Welt in Balance" dar.

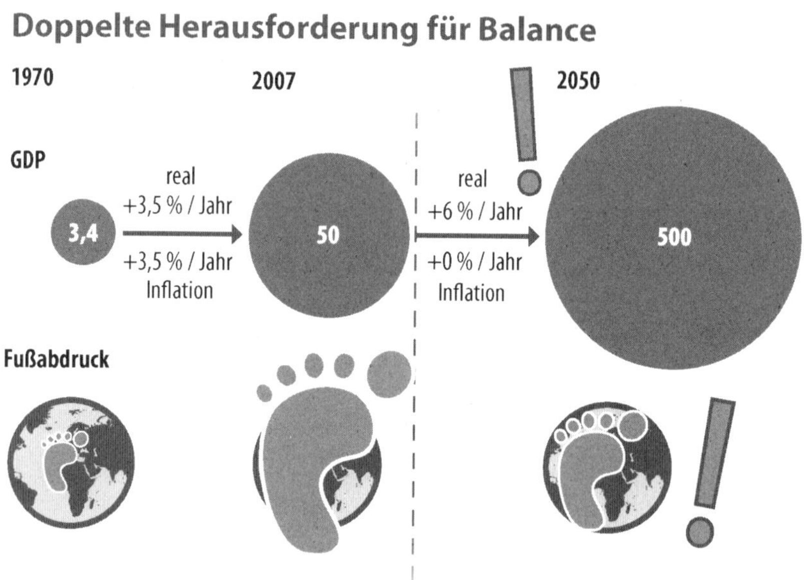

Abb. 1: Doppelte Herausforderung für Balance

Wachstum kann bei diesem Problemkontext daher nur in dem Umfang angestrebt werden, wie die erreichten Fortschritte bei der Ressourceneffizienz das Wachstum zulassen bzw. unter Nachhaltigkeitsgesichtspunkten zulassen würden. Das Geldsystem muss dieses (mit Nachhaltigkeit konforme) Wachstum auf der einen Seite zulassen, d. h. die im Wertschöpfungssegment aktive Geldmenge muss dieses Wachstum mit vollziehen. Das Geldsystem darf dabei balancierte, d. h. friedensfähige und den Wohlstand fördernde Verteilungsmuster nicht unterwandern, sondern sollte die Entwicklung dorthin unterstützen. Dies betrifft insbesondere die potentiell im Sachvermögensmarkt aktive Geldmenge und das Einkommenspotential aus Finanz- und Sachvermögen bei einer – heute gegebenen- unbalancierten Verteilung. Hier ist mehr Balance erforderlich.

I.3. Wie kann man „Wohlstand für alle" erreichen?

Aus der Geschichte wissen wir: Der maximale „Wohlstand für alle" kann dann erreicht werden, wenn die **maximale Kreativität** der Menschen freigesetzt werden kann. Dies setzt adäquate öffentliche Strukturen weltweit voraus: Bildung, Gesundheit, soziale Absicherung – auch im Alter, Infrastruktur für Kommunikation, Koordination und Kooperation, dazu Kunst und Kultur, sowie die Gewährleistung einer intakten Umwelt, die auch die Würde anderer Geschöpfe beachtet. Der Marktmechanismus sorgt dabei unter Beachtung der Regeln für Wettbewerb, Leistung und Effizienz.

Dies alles – als Basis für Wertschöpfung und Wohlstand – (zum erheblichem Teil) **finanziert über ein faires Abgabe- und Steuersystem**, das allen – dem Prinzip der ökonomischen Leistungsfähigkeit folgend – einen Beitrag abfordert, ist dafür der Schlüssel. Sofern diese Mittel mit der geschilderten Zielsetzung hocheffizient und effektiv allokiert werden, soll und muss dabei eine dauernde Verschuldung der öffentlichen Hände im zeitlichen Mittel ausgeschlossen sein. Es müssen ferner im Weltfinanzsystem die Besteuerungs- und Abgabeelemente berücksichtigt und konkretisiert werden, die erforderlich sind, um **„Aufholprozesse"** zu finanzieren, was als **wesentliche Voraussetzung zur Vermeidung einer Kollapssituation** anzusehen ist.

Dazu bedarf es der entsprechenden **ökologischen und sozialen Regeln für die globalisierte Ökonomie - eine weltweite Ökosoziale Marktwirtschaft** [18]. Dies würde von der Logik her der internen gesellschaftlichen Organisation aller wohlhabenden Staaten entsprechen. In Deutschland ist dies der von Ludwig Erhardt eingeführte ordoliberale Ansatz der „Sozialen Marktwirtschaft", ergänzt um die Maßnahmen, Gesetze etc. zu den relevanten Umweltthemen. Aktuell sind solche Regeln aber nicht in den globalen Verabredungen des Marktes (insbesondere der WTO, der Welthandelsorganisation) verankert - ganz im Gegenteil. Im Welthandel - geregelt durch die WTO - gelten bislang nur Qualitätsstandards und keine Verfahrensstandards. Ein Sozialstandard, wie z. B. das Verbot von Kinderarbeit, betrifft aber gerade das Verfahren zur Herstellung von Produkten oder Dienstleistungen und nicht deren Qualität. Und solange die Qualität stimmt, dürfen deshalb die WTO-Mitgliedsstaaten den Handel von Produkten und Dienstleistungen, die von Kindern erarbeitet wurden oder beispielsweise auch mittels gentechnischer Verfahren hergestellt wurden, nicht verbieten.

I.4. Weltfinanzsystem am Limit

Eine Betrachtung des Weltfinanzsystems zeigt, wie das heute in den globalen Regimes dominierende Prinzip des Marktfundamentalismus („freie" Märkte) die sozialen Demokratien der wohlhabenden Nationen aushöhlt [20]: In ihrer bisherigen Ausgestaltung ermöglicht es die Globalisierung bestimmten, ökonomisch **besonders starken Akteuren** zu erreichen, dass sie auf erwirtschaftete Erträge **keine oder nur geringe Steuern** zahlen müssen [7]. Das erhöht deutlich die insgesamt erzielte Netto-Rendite bei Investitionen und ertragbringendem Sach- und Finanzvermögen, **mindert aber die Einnahmen der öffentlichen Hände entsprechend**.

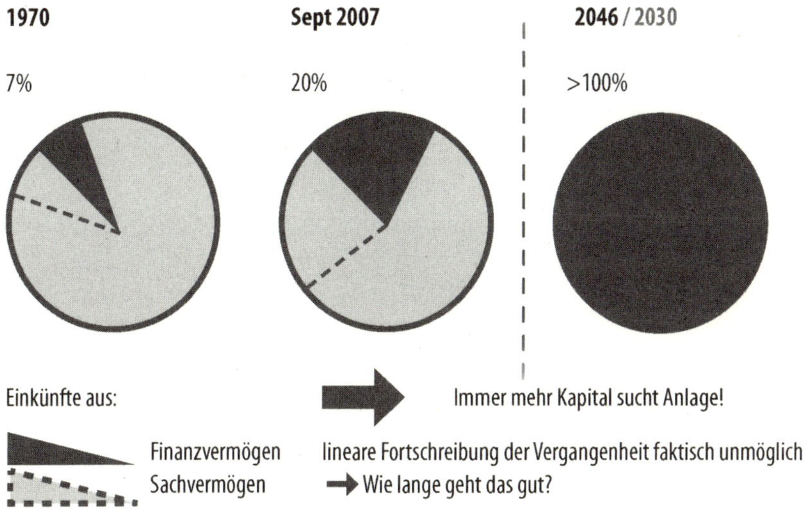

Abb. 2: Rendite aus Vermögen (Anteil an gesamten BIP)

Da zudem auch noch das Gesamtvolumen des Finanz- und Sachvermögens stärker als das Weltbruttoinlandsprodukt steigt, wird so der real niedriger besteuerte Teil der Rendite auf Vermögen gegenüber anderen (höher besteuerten) Einkommen immer größer[16]. Dies ist als weiterer Grund für das relative Absinken der Staatseinnahmen zu werten.

Die Regierungen gleichen diese Einnahmeausfälle über Einsparungen, Privatisierungen, aber auch über **immer mehr Schulden** durch die Ausgabe von Schuldverschreibungen aus.

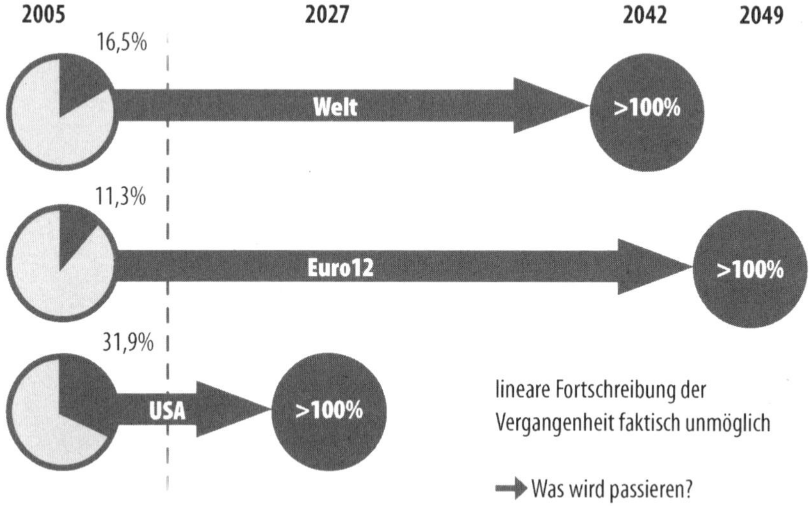

Abb. 3: Dramatischer Druck auf die öffentliche Seite

(Anteil der Schuldkosten an den gesamten öffentlichen Einnahmen)

Dies erfolgt letztlich in Wechselwirkung mit denen, die die hohen Erträge erwirtschaftet haben, aber kaum Steuern zahlen. Die Staatsdefizite reicher Länder entsprechen insofern den im Rahmen der Globalisierungsprozesse von den besonders leistungsstarken, international agierenden Akteuren, insbesondere des Finanzsektors, nicht gezahlten Steuern. Der „Deal" zwischen der Finanz- und der öffentlichen Seite (den man als systemisch entstanden und nicht als tatsächlich verabredet ansehen sollte) besteht darin, dass den wenigen großen „Gläubigern" mittlerweile ermöglicht wird, sich über innovative Instrumente die Grundlage (Eigenkapital) zu schaffen, um (temporär) das Geld neu schöpfen zu können, das sie dann dem Staat „leihen". Der muss als „Schuldner" zugleich die Rahmenbedingungen für die Finanz- und Vermögensmärkte für das anschließende „Einsammeln" dieses Geldes verbessern (z. B. Zulassung von Verbriefungen, Derivaten, REITs, Freistellungen von der Mindestreservehaltung, keine Eigenkapitalabsicherung bei Bankkrediten an die „führenden" Staaten etc.), damit die „Gläubiger" im Gegenzug für eine gewisse Stabilität des Finanzsystems, Währungsstabilität und das permanente Aufkaufen der neuen öffentlichen Verschuldung sorgen. Denn die Sparquote der Weltbevölkerung ist nicht hoch genug, um allein hierüber die Kredite zu bedienen.

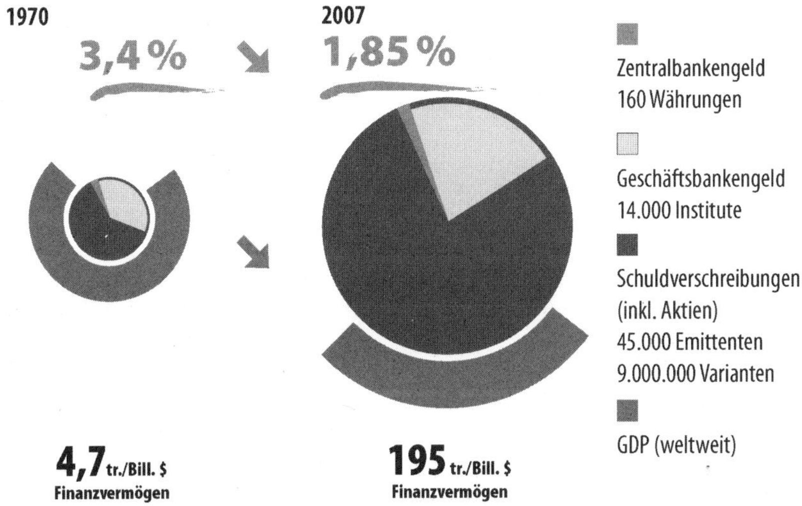

Abb. 4: Geld und Geldsurrogate („Mehrgeld")

Dies hat dazu geführt, dass die weltweite Gesamtverschuldung und damit der „Finanzmarkt" mittlerweile viermal so groß wie die weltweite Wertschöpfung (BIP) eines Jahres ist (in Europa sogar fünfmal so groß). Gegenüber dem umlaufenden Zentralbankgeld gibt es mittlerweile mehr als das 50-fache an „verbrieften Geldansprüchen".

Das Weltfinanzsystem ist am Limit! Die aktuellen Verwerfungen am Finanzmarkt sind nicht überraschend, sondern können vor diesem Hintergrund begründet werden (vgl. hierzu auch [20], Kap. XIII).

Es erfolgt letztlich die „Flucht aus verbrieften Geldansprüchen" hin zu einem „Run auf verbriefte Ansprüche auf reale Werte". Schuldverschreibungen auf Geld finden keine Abnehmer mehr (Subprime-Krise), dafür wird beispielsweise die Nachfrage nach Commodity-Futures als Schuldverschreibungen auf knappe Ressourcen immer größer (z. B. Öl und Nahrungsmittel). Dies führt zunächst zu einer Asset-Inflation bei Realwerten und einer Deflation bei Finanzvermögen. Als Folge der daraus resultierenden Liquiditätsprobleme, der einsetzenden Deflation aufgrund notwendiger „Fire-sales" zur Abwendung von Zahlungsunfähigkeit und den daraus resultierenden Auswirkungen auf die Realökonomie greifen die Staaten stützend ein, was wiederum zu einer Neuaufnahme weiterer Kredite der öffentlichen Hand führt und die Gesamtsituation des Finanzmarktes so noch verschlimmert.

Als „Preis" für den beschriebenen „Deal" der öffentlichen Hände mit dem Finanzsegment und vermögenden Einzelakteuren sind erhebliche Umverteilungen realer Sachvermögenswerte zu den „Gläubigern" verbunden. Dies könnte von einzelnen Staaten sogar als Element einer „Entschuldungsstrategie" gewünscht sein, wenn die über das Sachvermögen erwirtschafteten Erträge gezielt als

Einnahmen in diesen Staat zurückgeführt (bzw. dort versteuert) werden (vgl. hierzu [20], Kap. XIII.2). Zudem kann damit auch der Versuch verbunden sein, den Zugriff auf knappe Ressourcen zu sichern. Mittlerweile ist zu befürchten, dass diese Strategie sogar über Staatsfonds verfolgt wird.

In Summe ergibt sich aus der durchgeführten Analyse des Weltfinanzsystems ein Gesamtszenario mit der Erkenntnis, dass

a) das in Teilen weitgehend deregulierte Weltfinanzsystem,

b) der freie Kapitalverkehr und

c) der Standortwettbewerb über Steuerdumping und inkonsistente Sozial-, Finanz- und Steuersysteme (bei fehlendem Ausgleich einer Umgehung von Abgaben, Steuern, ökologischen und sozialen Standards, z. B. über eine Besteuerung globaler Transaktionen oder geeignet ausgestalteter Grenzausgleichsabgaben)

das weltweite Ungleichgewicht zwischen Arm und Reich innerhalb von Staaten permanent vergrößert. Es kommt zu einer Umverteilung von Vermögen von unten und der Mitte nach Oben, von Vielen zu Wenigen und zu einer Verlagerung des unternehmerischen Engagements: Verzicht auf Personal, da Gewinne aus Kapitalanlagen unter Ausnutzung der geringeren Steuer- und Abgabeanteile leichter zu erzielen und höher sind.

Im Kern ist das Problem dabei

- die Akkumulation von immer höheren Vermögen bei Wenigen und damit verbunden

- immer höhere Einkünfte aus Vermögenserträgen bei Wenigen,

- die unkontrollierte hohe Geldschöpfung (inkl. Geldsurrogate, „Mehrgeld"), die u. a. aufgrund der hohen Verschuldung und stetigen Neuverschuldung der öffentlichen Hand notwendig ist,

- das Potential der Steueroptimierung, d. h. die mögliche Verlagerung von Steuersubstrat an Orte mit der niedrigsten Besteuerung,

- die steuerliche Bevorzugung von Erträgen aus Vermögen gegenüber der Belastung von Erträgen aus dem Einsatz von Personal.

D. h. **wir haben kein faires Weltfinanzsystem**. So wie die Regeln heute gesetzt sind, führt uns das System unweigerlich in den „Kollaps" oder die „Brasilianisierung" der Welt. Wir müssen deshalb die Regeln ändern, damit wieder alle – gerade auch die leistungsfähigsten Mitglieder der Gesellschaft – ihre angemessenen Beiträge zur Finanzierung des Gemeinwesens und damit zur Schaffung der

Voraussetzungen für die Produktion von Wohlstand leisten. Nur so kann die Basis für Wertschöpfung und Wohlstand, gerade auch in den nicht entwickelten Ländern, erhalten bzw. aufgebaut werden – über eine Ökosoziale Marktwirtschaft, nicht über Marktfundamentalismus.

II. Handlungsoption zur Reaktion auf die Krise

Zur Vermeidung von Kollaps und Brasilianisierung braucht man eine konsistente Weltfinanzordnung, die eine Finanzierung der weltweit notwendigen breiten Basis für Wohlstand und Wertschöpfung und das Funktionieren der Märkte sicherstellt. Die Eckpunkte dieser Ordnung betreffen vor dem Hintergrund der aufgezeigten Wirkungszusammenhänge und erkannten Problematiken:

a) das Geldsystem

b) das Steuersystem

c) das Ausgleichssystem zur Förderung weltweiter balancierter Partizipation.

Um dem im Geldsystem liegenden Problem der extensiven Ausweitung verbriefter Geldansprüche **und** der permanenten Neuverschuldung der öffentlichen Hände entgegenzuwirken, ist dabei an ein zusätzliches Abgabe- und Steuerungselement für die Geldschöpfung zu denken. Dies ist gerade vor dem Hintergrund wichtig, dass

1. Unfairnisse hinsichtlich Geldschöpfung und Kreditaufnahmen bestehen,

2. die bisherigen Steuerungsmöglichkeiten über die Basis für Geldschöpfung nicht mehr ausreichend effektiv und effizient sind,

3. die öffentliche Hand zunehmend immer mehr Risiken des Weltfinanzsystems übernommen und abgedeckt hat.

Das neue Instrument soll daher zum einen die Geldmengenausweitung effektiv und effizient steuern und denen einen Beitrag abfordern, die dem System mit Geldschöpfung neue Risiken hinzufügen. Hierfür bietet sich insbesondere eine Abgabe, eine Art Mehrwertsteuer, auf jede Art von Finanzprodukten, also insbesondere Schuldverschreibungen, Kredite, aber z. B. auch auf RePos – eine **Mehrgeldsteuer** (englisch: **Leverage Money Tax**) – an (vgl. [20], Kap XIII.3).

Da eine Durchsetzung auf internationaler Ebene sicherlich nicht einfach ist, muss man vermutlich „nah-chaotische" Situationen wie die Weltfinanzsystemkrise ausnutzen, um diesen Lösungsansatz politisch einzufordern und umzusetzen. Hier hätte man schon bei der Subprime-Krise im richtigen Augenblick z. B. folgende Strategie verfolgen können:

„Deutschland / Euro-Raum / EU akzeptieren die Forderung der USA nach einem Konjunkturunterstützungsprogramm **und** greifen die Besorgnis der Finanzindustrie in Hinblick auf ein Versagen der Selbstheilungskräfte des Marktes auf, **wenn** der Einführung einer Mehrgeldsteuer zur Finanzierung der öffentlichen Interventionen zugestimmt wird."

Aber auch in den aktuell laufenden Verhandlungen der G20 zur Reform der Finanzmärkte kann diese Strategie verfolgt werden, denn sie „passt“ zu den Aussagen des Statements des G20-Gipfels „Finanzmärkte und Weltökonomie“ vom 15. November 2008[17]. Auch zukünftig sind weitere „nah-chaotische“ Situationen zu erwarten, bis die hinter den sichtbar werdenden Symptomen liegenden Grundprobleme (siehe Kapitel I.4) gelöst werden. Die Schieflage der „Governmental Sponsored Enterprises“ und größerer Investmentbanken in den USA und weltweit haben hier ja zu signifikanten Verwerfungen geführt. Hintergrund hierfür ist die in [20] beschriebene „Flucht aus Schuldverschreibungen“, bei der gerade die größten institutionellen Anleger durch ihre signifikante Umschichtung von verbrieften Geldansprüchen in Zentralbankgeld-Liquidität (über verbundene Banken) wenn nicht als Auslöser, so doch zumindest als Verstärker zu sehen sind. In Folge kommt es zu „fire sales“ von Realwerten und anderen Aktiva, was signifikante, zunächst deflatorische Veränderungen bewirkt. Dadurch kommt es auch bei anderen Akteuren zu einem Abschreibungsbedarf. Es ist daher noch zu erwarten, dass in Folge der kommulierten Verwerfungen im Weltfinanzsystem die Verluste auf Seiten der Renten- / Pensionskassen, Lebensversicherungen bzw. generell der Sondervermögen zur Altersabsicherung der finanziell nicht so elitären Bevölkerungsschichten transparent werden. Dann wird offensichtlich, wer die „Gewinner“ und wer die „Verlierer“ des Umverteilungsprozesses auf globaler Ebene sind bzw. sein werden.

Wer diese Zusammenhänge versteht, der begreift, dass die politischen Versprechen hinsichtlich einer Überwindung der Krise durch die bislang vorliegenden Vorschläge und Maßnahmen bei nüchterner Betrachtung nur eine geringe Erfolgswahrscheinlichkeit haben. Was folgt, ist entweder eine Brasilianisierung der Welt (eine „erfolgreiche" Umschichtung der attraktiven Realwerte zu wenigen „Gewinnern" und eine anschließende Inflation durch eine Erhöhung der Gesamtliquidität), möglicherweise aber auch ein Kollaps mit einer Öko-Diktatur (Naturzugriffe nur durch die Eliten, die Gewinner im Umverteilungsprozess), so dass perspektivisch im Jahr 2050 dann einer Milliarde Menschen mit Rechten neun Milliarden Menschen ohne Rechte gegenüberstehen.

Wie hat der deutsche Finanzminister Steinbrück das Rettungspaket der Bundesrepublik 2008 erläutert[18]?

> *"Wenn es auf den Weltfinanzmärkten brennt, dann muss gelöscht werden. Auch wenn es sich um Brandstiftung handelt. Danach müssen die Brandstifter allerdings anschließend gehindert werden, so was wieder zu machen.*
> *Die Brandbeschleuniger müssen verboten werden und es muss für einen besseren Brandschutz gesorgt werden."*

So richtig und wichtig diese Aspekte auch sind; das ist nicht genug, wenn man die gesamte Problemlage betrachtet. Dies kann man in dieser Metapher so verdeutlichen: Zunächst muss man sich fragen woher das Löschwasser kommen soll? Ohne eine Verbesserung auf der staatlichen Einnahmeseite sind das neue Staatsschulden, der Staat holt sich das Löschwasser von den Brandstiftern! Und dann muss man sich fragen: Warum trocknet der Finanzmarkt aus? Es reicht doch auch nicht aus, einen zunehmend immer trockener werdenden Wald zu schützen, indem man versucht, die Brandstifter davon fern zu halten. Wenn man schon die prinzipielle Möglichkeit zur Bewässerung hat (Steuern und Abgaben), müssen die Bäume (Gemeinwesen und Infrastruktur) regelmäßig mit Wasser versorgt werden. Denn das Abholzen von Bäumen (Reduktion der Staatsausgaben über „Sozial-Dumping" und Privatisierungen) kann ja wohl nicht das sein, was man will. Denn am Ende hätte man dann eine Wüste (auf ein Minimum reduzierte Sozialsysteme, Bildungssysteme etc. für die Verlierer und damit den größten Teil der Bevölkerung) in der nichts mehr zum Brennen da ist, mit nur wenigen Oasen (die privatisierten Dienste für die Gewinner). **Hält das eine demokratische Gesellschaft aus oder wird Radikalisierung (rechts/links) eine damit einhergehende logische Konsequenz sein?** Gibt es dann überhaupt „Gewinner"? Oder wiederholt sich nach 80 Jahren die Geschichte?

Das Problem hinter den Problemen ist die **weltweite** Verschuldung der öffentlichen Hände, den Nationalstaaten fehlt das Wasser. Und diese Verschuldung resultiert aus der Ausnutzung von fehlenden bzw. nicht verbindlichen – ökologischen und sozialen – Regeln auf globaler Ebene. Die Brandstifter graben der Gesellschaft so das Wasser ab und verwüsten die Wälder. Das muss verhindert werden! Man braucht in den globalen Verabredungen die richtigen Regeln, damit immer genügend Wasser da ist. Oder sollen die Staaten sich permanent das Wasser bei den Brandstiftern leihen um deren Oasen zu schützen?

II.1 Ein 7 Punkte Plan zur Lösung

Die Weltfinanzkrise ist eine möglicherweise **einmalige Chance**, einen ersten wichtigen Schritt zur globalen Ökosozialen Marktwirtschaft zu machen, wenn man zur Stabilisierung einen pragmatischen Schritt zur Lösung des Gesamtproblems wählt, der wie folgt skizziert werden kann:

Das Finanzsystem wird von den globalen Akteuren dazu benutzt, kaum angemessen Steuern zu zahlen. Das Prinzip Steuergerechtigkeit und Fairness ist auf den Kopf gestellt. Das bedeutet, hier können viele Mittel erschlossen werden ohne die staatlichen Budgets und den Mittelstand weiter zu belasten, wenn man nur auch die Harmonisierung der Steuerbemessungsgrundlagen vorantreibt. Diese Finanzmittel braucht man gerade auch, um zu erreichen, dass die wichtigsten ökosozialen Regelungen in den internationalen Verträgen akzeptiert und implementiert werden. Die prinzipiell richtig funktionierenden, besser gesagt noch richtig funktionierenden nationalen sozialen Demokratien haben nur dann eine wirkliche Chance zu überleben.

Was sind die wichtigsten Eckpunkte für diese pragmatische und zielführende politische Lösung des Problems?

1. **Umweltstandards:** Das Fenster ist geöffnet, um im Rahmen der Folgeverhandlungen zum Kyoto-Protokoll zu einem „Cap and Trade"-Ansatz zu kommen. Dafür ist ein Transformationsprozess auszuhandeln der mittelfristig zu gleichen Pro-Kopf-Emissionsrechten führt.

2. **Sozialstandards:** Alle Nationalstaaten haben die Kernstandards der ILO verabredet, die aber derzeit – genauso wie Umweltstandards - im Rahmen der WTO unterwandert werden. Deshalb ermöglichen Kinderarbeit und Umweltverschmutzung auch noch immer Wettbewerbsvorteile.

3. **Markt:** Das Verhindern einer weltweiten Rezession muss jetzt mehr als ein ökosoziales Konjunkturförderprogramm auf Pump sein! Öffentliche Investitionen z.B. in neue Energien und Umwelttechnologien, Bildung und Infrastruktur sollten Teil eines Implementationsprozesses weltweiter gemeinsamer Umwelt- und Sozialstandards (sowie deren institutionelle Voraussetzungen) sein, die als **Verfahrensstandards in der WTO** für verbindlich erklärt werden müssen. Erst dann wird es kein Öko- und Sozialdumping zur Profitmaximierung mehr geben und der globale Markt ist ein Ökosozialer Markt.

4. **Globaler Vertrag:** Wie kann dieser gesamte „Deal" zum Abschluss gebracht werden? Die Antwort ist: Co-Finanzierung. So, wie in der EU über die so genannten Strukturfonds schon lange co-finanziert wird, damit schwächere und neue Mitglieder zur Implementierung des Gemeinschaftsrechts – dem Acquis Communautaire – in der Lage sind. Ein solches Vorgehen auch auf globaler Ebene ist der Schlüssel – die **Co-Finanzierung von Standards**.

5. **Finanzierung:** Woher kommen die Mittel zur Co-Finanzierung? Die Antwort ist: Aus der Reform der Finanz- **und Steuersysteme** im Rahmen eines „Bretton Woods II-Abkommens", das aber eben nicht nur auf das Finanzsegment beschränkt sein darf. Auch die Steuersysteme müssen angeglichen werden. Denn nur durch eine Harmonisierung der Steuerbemessungsgrundlagen können Steuerumgehungen global wirkungsvoll unterbunden werden.

6. **Balancierung:** Außerdem würde zur Finanzierung der Implementation und Ausgleichsprozesse beitragen: Die **Besteuerung globaler Transaktionen** - Transport, Handel und Finanzströme. Aber auch eine Art Mehrwertsteuer auf alle Finanzprodukte, um die spekulativen Hebelgeschäfte einzudämmen bzw. darauf einen ausgleichenden Beitrag zu erheben, wäre hilfreich. Eine **Mehrgeldsteuer** – eine Leverage Money Tax - wäre so gestaltbar, dass gerade die größten Profiteure wieder einen fairen Beitrag leisten müssen und nicht ausschließlich der Mittelstand und andere, die sowieso benachteiligt sind, weil sie z.B. für einen verbrieften Kredit (ein Finanzprodukt) ohnehin höhere Zinsen zahlen müssen als beispielsweise die leistungsfähigsten Finanzinstitutionen. Die Profiteure sollten daher eine höhere Abgabe auf das von ihnen geschöpfte „Hebelgeld", ihre Kredite für gehebelte Investitionen und Spekulationen, leisten. Ökonomisch weniger

leistungsfähige Akteure wie z.B. der Mittelstand sollen nicht belastet werden. Mit der Mehrgeldsteuer könnte so eine faire Abgabe gestaltet werden, die die „Super-Bubble“ - die Geldblase - beherrschbar macht.

7. **Geldkrise:** Kurzfristig muss der Liquiditätsengpass - als Treiber der Weltfinanzkrise mit ihren Auswirkungen auf die Realökonomie - behoben werden. Das Zentralbankgeld muss wieder „umlaufen“. Hierfür ist die Liquiditätsreservehaltung der Finanzmarktakteure zu begrenzen. Hierzu wäre die Vorgabe einer **Maximalreserve** (Kap. V.1.3.2) ein wirksames Mittel. „Überschüssige“ Liquidität würde dann über einen „Liquiditätsfonds“ verfügbar gemacht.

II.2 Prozessverantwortung

II.2.1 Global: Bestehende Institutionen nutzen

Im Folgenden soll ein Ansatz für die Ausgestaltung einer organisatorischen Einbindung des Prozesses auf weltweiter Ebene skizziert werden. Dieser pragmatische Ansatz zielt auf ein mögliches Zusammenspiel bereits etablierter Institutionen bzw. multilateraler Abkommen bzw. Gremien ab. Damit soll aufgezeigt werden, dass - ein legitimiertes politisches „Wollen“ vorausgesetzt - eine geeignete institutionelle Verankerung möglich ist. Hier wird allerdings nicht die Position vertreten, dass die aufgezeigte Verankerung die bestmögliche Ausgestaltung einer Prozessverantwortung und -Koordination darstellt. Vielmehr wird vor dem Hintergrund der akuten Dringlichkeit ein realistisches Umsetzungsszenario skizziert, um deutlich zu machen, dass ein kurzfristiges Handeln - global - möglich ist.

Das im Rahmen der G20 aufgesetzte Verfahren zur Konkretisierung international abgestimmter Maßnahmen zur Reaktion auf die Krise, mit dem ersten Gipfeltreffen im November 2008 zu dem Gesamtthemenspektrum „Finanzmarkt und Weltökonomie", bietet sich als Ausgangspunkt für die Konkretisierung des Umsetzungsprozesses für ein nachhaltiges Geld- und Steuersystem für eine globale Ökosoziale Marktwirtschaft an. Hier könnten die entsprechenden Maßnahmen, wie sie in dem vorliegenden Text als Diskussionsgrundlage ausgeführt sind, im Detail abgestimmt und verabredet werden. Dabei sollte der Schulterschluss mit dem economic and social council (ECOSOC) der Vereinten Nationen gesucht werden, dessen Rolle gegebenenfalls zu stärken ist. Denn in der „World Economic and Social Survey 2008" spricht sich dieses Gremium zur Betrachtung der drei Ansätze „Reform von Bretton Woods", „Prinzipien des Marshall Planes" und einen „Global New Deal" aus, deren Konkretisierung im „7 Punkte Plan" aufgezeigt ist. Sofern es zu einer von der deutschen Bundeskanzlerin Angela Merkel vorgeschlagenen Etablierung eines Weltwirtschaftsrates bei den Vereinten Nationen kommt, wäre dies auch ein geeignetes Gremium zur weiteren Ausgestaltung des globalen Gesamtprozesses. Das ECOSOC könnte bei der Umsetzung der Maßnahmen die Koordinationsfunktion übernehmen. G20 / Weltwirtschaftsrat wären so der Ort zur Abstimmung einer konzertierten Gesamtaktion zur Reaktion auf die aktuelle Krise, sowie für die Umsetzung des internationalen Rahmens für eine auf Harmonisierung ausgerichtete Reform des Geld- und Steuersystems einer globalisierten Ökonomie. Bei G20 / Weltwirtschaftsrat läge die Gesamtprozess-Verantwortung. Hier wären auch die Aufgaben auf die verschiedenen Institutionen zu delegieren, um das Gesamtpaket für einen weltweiten „New Deal", wie er mit dem „7 Punke Plan" skizziert wurde, zu verabreden und in Angriff zu nehmen.

Als kurzfristige Maßnahme ist dabei auf die derzeitige Liquiditätsengpass-Situation zu reagieren, dem wesentlichen treibenden Faktor für die Weltfinanzkrise und deren Auswirkungen auf die Real-Ökonomie. Hierfür ist eine Maximalreservehaltung über alle Akteure des Weltfinanzsystems hinweg zu verabreden. Ein entsprechender „Liquiditätsfonds" als Sammelstelle für die Überhangliquidität (insb. Zentralbankgeld) könnte hierfür beispielsweise unter Aufsicht des IWF eingerichtet werden, wobei Details des Fonds, z. B. im Financial Stability Forum, der Bank für Internationale Zahlungsabwicklung (BIZ), ausgehandelt und verabredet werden könnten. Dieser Liquiditätsfonds könnte zudem – zu gewissen Teilen – über Staatsgarantien abgesichert werden, wobei hierfür als Bedingung der Einführung der Mehrgeldsteuer als Maßnahme zuzustimmen ist, um mittelfristig die „Geldblase" wirkungsvoll in den Griff zu bekommen.

In diesem institutionellen Umfeld sind auch die Verabredungen zur Regulierung der Handelsabwicklungsplattformen, der Depositories und aller damit zusammenhängenden Finanzdienstleistungen (insbesondere Custody Services) zu treffen. Dazu gehört auch das Aufsetzen einer unabhängigen Rating-Institution, deren Bewertungen auf einem Standard-Ratingansatz basieren sollten. Eine internationale Rating-Instanz könnte ebenfalls beim IWF angesiedelt werden. Alternativ wären die Rating-Institutionen währungsraumspezifisch zu etablieren.

Ein „Weltstrukturfonds" wäre einzurichten, um die Mittel für die Co-Finanzierung einer weltweiten Implementation der verabredeten und damit verbindlichen Verfahrensstandards bezüglich ökologischer und sozialer Aspekte zu gewährleisten und umzusetzen. Der Weltstrukturfonds könnte hierzu bei der Weltbank verankert werden. Die initiale Füllung des Weltstrukturfonds soll zum einen über die Mehrgeldsteuer und gegebenenfalls zusätzliche verabredete Abgaben auf globale Transaktionen erfolgen. Des Weiteren könnten auch Teile der neu erschlossenen Mittel, die aus einer Harmonisierung der Steuerbemessungsgrundlagen und der „Einhegung" von Steueroasen resultieren, eingebracht werden. Alternativ wären diese Mittel für nationale Implementierungs-Prozesse und die mittelfristige Rückführung der öffentlichen Verschuldung zu verwenden. Die Steuerharmonisierung selbst ist als Verabredung eines Standards zu behandeln. D. h. im Rahmen der Gesamtprozessverantwortung ist – genauso wie beispielsweise auch die Verhandlung eines Lösungsansatzes zum Umgang mit der Klimaproblematik – das Verhandlungsmandat geeignet zu delegieren. Hierfür bietet sich aber aufgrund der Zusammensetzung das G20-Gremium selbst an. Unter Einbezug der Standards, die in der ILO ausgearbeitet und verabredet wurden, sind dann die Umwelt-,

Steuer- und Finanzstandards als ökologische und Sozial-Standards über eine Aufnahme als verbindliche Verfahrensstandards im Rahmen der WTO als gültiger Rahmen der globalisierten Marktwirtschaft zu verankern. Die WTO wäre insofern bei dem pragmatischen Lösungsansatz der institutionelle Rahmen, in dem die Verbindlichkeit beschlossen und deren Einhaltung über die bereits installierten, d. h. vorhandenen Konfliktresolutions- und Sanktionsmechanismen zu gewährleisten ist.

Die Frage ist natürlich, ob sich die relevanten Währungsräume und damit Ökonomien in dieser Welt auf ein solches gemeinsames Operieren zur Abwendung der akut drohenden schlimmen Krisensituation durchringen können. Wenn nicht, bietet es sich auf europäischer Ebene an, doppel-strategisch den Weg in der zuvor geschilderten Richtung einzuschlagen. Doppel-Strategie bedeutet dabei, sich zumindest im Euro-Währungsraum entsprechend zukunftsfähig aufzustellen, sich dabei aber auch auf gegebenenfalls beibehaltene Konkurrenzsituationen internationaler Art abwehrmäßig einzustellen. Jedoch ist jederzeit zu kommunizieren, dass man an einer gemeinsamen zielführenden Lösung nicht nur interessiert ist, sondern jederzeit diese gemeinsame Lösung mittragen würde, wenn Alle dem zustimmen.

Im Konkreten würde es sich für Europa anbieten, auch schon alleine für den Euro-Währungsraum die Mehrgeldsteuer einzuführen, um so den dringenden finanziellen Handlungsspielraum zu erreichen, der jetzt für ein gezieltes Reagieren auf die Krisensituation notwendig ist. Dabei wäre zudem innerhalb von Europa eine entsprechende Gesamtstrategie als Maßnahmenpaket abzustimmen und dies international als Vorschlag Europas zu positionieren mit dem entsprechenden Hinweis, dies in voller Breite zu unterstützen, wenn international die Akzeptanz und Unterstützung gewährleistet wird.

II.2.2 National: „Risiko, Finanzmarkt, Steuern und Globalisierung"

Die Krise des Weltfinanzsystems hat gezeigt, dass es für die gesamte Weltökonomie wichtig ist, vorbeugend in global-ökonomischer Betrachtung Schieflagen „aufzuspüren" und im Falle von Krisen eine detaillierte Aufarbeitung vorzunehmen und daraus Schlüsse zu ziehen. Um diesen vorbeugenden Aspekt abzudecken, muss die öffentliche Hand für eine Ausgestaltung eines entsprechenden Prozesses mit Verantwortlichkeiten und Ressourcen (Mittel und Personal) sorgen. Nur dann kann auch vorbeugende Forschung finanziert werden, aufsetzend auf tiefen Analysen. Man benötigt dabei eine Verantwortlichkeit für die Umsetzung der Reform der Geld- und Finanzmärkte, sowie der Steuersysteme, sowie anschließend auch ein permanentes Monitoring und eine voraus schauende Krisenprävention. Hierzu ist sicherlich auch auf internationaler Ebene entsprechendes Potential vorzuhalten und zu legitimieren, aber auch auf nationaler Ebene ist vorzuschlagen, das Thema „Risikomanagement und Globalisierung, Steuern und Finanzmarkt" auf hoher politischer Ebene zu verankern. Dies ist ähnlich zu sehen, wie auch die Forderung nach einem effektiven Risikomanagement bei Finanzinstituten. Ein Risikomanagement des Gemeinwesens gehört auch in die politische Verantwortlichkeit.

III. Effektivitätskriterien für eine konsistente Weltfinanzordnung

In den beiden voran gegangenen Kapiteln ist der generelle Problemrahmen und die politisch einschlagbare Lösungsstrategie skizziert worden. Hierfür ist eine konsistente Weltfinanzordnung als Teil der insgesamt erforderlichen Governance, d. h. politischen Regelsetzung, zu konzipieren. Im Folgenden sollen nun zunächst die Zielsetzungen konkretisiert werden, die über eine entsprechende Weltfinanzordnung zu operationalisieren sind. D. h. zunächst wird aufgeführt, welche Ziele über das Weltfinanzsystem maßgeblich mit erreicht werden sollen. Für die Verfolgung dieser Ziele müssen entsprechende Steuer- und Kontrollorgane für das Weltfinanzsystem auf nationaler und / oder internationaler Ebene zuständig sein. Daran sind sie zu messen und dies wäre entsprechend in den jeweiligen Statuten bzw. Satzungen festzuschreiben.

Hierbei ist aber zu beachten, dass der im vorliegenden Text ausgeführte Lösungsvorschlag für eine konsistente Weltfinanzsystemordnung nicht nur das Geldsystem umfasst, sondern ebenso auch den Bereich Steuern und Abgaben. Diese Teilbereiche sind aufeinander abgestimmt zu betrachten, d. h. auch die Verantwortlichkeit muss entsprechend so erweitert werden, dass diese enge Verzahnung und Aufeinanderabstimmung gewährleistet werden kann. Hier ist ein entsprechender Handlungs- bzw. Veränderungsbedarf gegeben.

III.1 Wohlstand für alle

Eine erste Frage, die sich stellt, ist, welches Niveau an Lebensstandard die Weltgesellschaft in Summe als Ziel verfolgen soll (unter Einhaltung der natürlichen Begrenzungen insbesondere durch knappe Umweltressourcen, Rohstoffe, Energie, Klima etc.). Wenngleich dies wahrscheinlich implizit von allen gleich gesehen wird, ist es für eine Kontrolle wesentlich, diese Zielsetzung auch explizit festzuschreiben und zu konkretisieren, was damit gemeint ist. Anzustreben ist für eine balancierte Welt: „Wohlstand für alle". Dies ist zunächst einmal so zu interpretieren, dass ein Maximum an Lebensqualität gewährleistet bzw. erreicht werden soll. Dies umfasst sowohl gleiche Möglichkeiten hinsichtlich des Zugangs zu Produkten und Diensten des Gemeinwesens (wie Infrastruktur, Bildung, Gesundheit etc.) und des Zugangs zu Waren- und Dienstleistungen (der Wertschöpfung). „Wohlstand für alle" umfasst zudem aber auch in qualitativer Sicht eine intakte Umwelt inklusive Klima und Biodiversität.

„Wohlstand für alle" bedeutet in der hier vertretenen Perspektive aber nicht „gleicher" Wohlstand für alle. Vielmehr ist hier das Ziel einer Maximierung von Wohlstand bei einer „gerechten" Verteilung im Rawls´schen Sinne gemeint [17]: „Eine Vergrößerung des Gesamtwohlstands darf nur über einen Weg erreicht werden, bei dem diejenigen, die bislang am wenigsten am Wohlstand partizipieren, nicht weniger bekommen". Das bedeutet, dass auch eine ungleiche Partizipation am Wohlstand akzeptiert werden kann, solange bei der damit gegebenen ungleichen Verteilung denen, die am wenigsten begünstigt sind, das Meiste zu Gute kommt. Vor diesem Hintergrund kommt es also zum einen darauf an, den Gesamtwohlstand zu maximieren und dabei zum anderen eine Verteilung zu finden und sicherzustellen, die das Wohlstandsniveau der am wenigsten Begünstigen maximiert. Dabei ist aber auch ein weiterer Aspekt zu beachten, der gerade heute deutlich wird: Wie viel Ungleichheit hält eine Demokratie aus, ohne dass (politische, gesellschaftliche) Radikalisierung die Folge ist?

Es stellt sich also bei dem Ziel der Wohlstandsmaximierung auch die Verteilungsfrage: „Was ist die optimale Verteilung?" Was ist eine „balancierte Partizipation? Aus der Geschichte wissen wir: Weder Kommunismus, noch Feudalismus, keine sozialistische Planwirtschaft, kein Absolutismus und kein Protektionismus sind hierfür geeignete Vorbilder. Aktuell wird zudem deutlich: Der globale Marktfundamentalismus höhlt den Wohlstand nationaler, ordoliberaler Märkte - also sozialer Marktwirtschaften - aus.

III.2 Balancierte Partizipation am Wohlstand

Die zuvor aufgeworfene wichtige Frage ist: „Wie soll eine mögliche ressourcenverträgliche Wertschöpfung auf die Menschen verteilt sein?" Diese Frage ist zu diskutieren vor dem Hintergrund des ersten Ziels, der Wohlstandsmaximierung. Als Ansatz zur Beantwortung dieser Frage ist am FAW/n - Forschungsinstitut für anwendungsorientierte Wissensverarbeitung - die Equity-Theorie entwickelt worden [10]. Auf Basis empirischer Untersuchungen ist damit eine Aussage möglich, bei welchem Verteilungsmuster Gesellschaften ein hohes Niveau an Wohlstand und Wertschöpfung erreicht haben. Wohlhabende Länder zeigen dabei ein Verteilungsprofil auf, bei dem sich „Leistung lohnt" (im Sinne einer größeren Partizipation), der damit verbundene höhere Anteil der „Leistungselite", d. h. deren Teilhabe an Wertschöpfung und Wohlstand, Konsum und Vermögen aber limitiert ist. Die „oberen" 20 % greifen in wohlhabenden Ländern auf maximal 35 – 50 % des Gesamten zu (Equity 0,65 bzw. 0,5) und dementsprechend können die weniger Begünstigten 80 % einer Gesellschaft über 65 – 50 % des Gesamten verfügen [15]. Strebt man dieses Verteilungsmuster „selbstähnlich" für alle möglichen betrachteten „oberen" Teilgruppen fest, so folgt daraus, dass in einer solchen Verteilungsordnung niemand weniger als 65 % bzw. 50 % vom Durchschnitt zur Verfügung hat.

Hieraus lässt sich eine Leitlinie definieren für alle politischen Maßnahmen für „sozialen Ausgleich", die auf Transferzahlungen aufsetzen oder die Auslegung von Steuer- und Abgabensystemen betreffen. Dabei ist zu sehen, dass die Steuerpolitik nur teilweise als ausgleichender Faktor anzusehen ist. Bildungspolitik, Beschäftigungspolitik, Sozialpolitik – gerade auch in Hinblick auf die Diskussion um Mindesteinkommen – sind weitere wichtige Faktoren.

Insgesamt ist dabei aber noch zu bedenken, ob Vollbeschäftigung im Sinne einer Erwerbstätigkeit in Zukunft als Ziel prinzipiell erreicht werden kann und daher anzusetzen ist. Die Kernfrage, die hierfür global zu beantworten ist, ist letztlich: Wird eine globalisierte Gesellschaft, in der zehnmal mehr Menschen als heute „fair" an einem möglichst zehnmal höheren BIP partizipieren, zu dessen Bereitstellung auch zehnmal mehr Erwerbstätige benötigen? Anders formuliert: Welcher Produktivitätsfortschritt wird mit den enormen Innovationen, die notwendig sind, die doppelte Herausforderung zu meistern, verbunden sein? Wie viele der im Jahr 2050 lebenden ca. 10 Milliarden Menschen werden erwerbsfähig sein und wie vielen Erwerbsfähigen wird man dann einen Arbeitsplatz anbieten können? Bei der derzeitigen Arbeitsproduktivität der wohlhabenden Länder würden heute weniger als 500 Millionen Erwerbstätige ausreichen, um das gesamte Bruttoinlandsprodukt der Welt zu erwirtschaften. Für ein zehnmal so hohes Bruttoinlandsprodukt würden also 5 Milliarden Erwerbstätige benötigt. Aber nur, wenn es bei der Produktivität keine Fortschritte gibt. Ist damit zu rechnen? Wird es dann auch „nur" 5 Milliarden Erwerbsfähige bei einer Gesamtbevölkerung von ca. 10 Milliarden Menschen geben? Oder werden die Verbesserungen in der medizinischen Versorgung und die Bemühungen zur Geschlechtergerechtigkeit dazu führen, dass ein weitaus größerer Teil der Gesamtbevölkerung dann erwerbsfähig sein wird? Werden wir zu solchen Innovationen hinsichtlich der Ressourceneffizienz fähig sein, die es uns erlauben, dass das gesamte Potential der Erwerbsfähigen in vollem Maße wertschöpfend tätig sein kann? Werden wir dann soviel Zeit haben bzw. aufbringen, dies auch alles zu konsumieren? Wenn nicht, ist die „faire" Partizipation über „gesellschaftliche Innovationen", z. B. über die Umsetzung von Konzepten wie einem „bedingungslosen Grundeinkommen" [24] sicher zu stellen.

III.3 Ressourcenverträgliches reales BIP und BIP-Wachstum

Ein weiterer entscheidender Punkt neben der Zielsetzung, ein maximales Bruttoinlandsprodukt (BIP), d. h. maximale Wertschöpfung zu erreichen, ist dessen Ressourcenverträglichkeit. Wie schon im gesamten Problemszenario in Kap. I skizziert, geht es dabei darum, höchstens mit soviel Ressourcen, wie man nachhaltig auf diesem Globus verfügbar hat, eine hinsichtlich Qualität und Quantität optimierte Gesamtheit an Waren und Dienstleistungen zu produzieren. Es muss also sichergestellt werden, dass die so genannte Biokapazität des Planeten nicht überlastet wird [22]. Das Bruttoinlandsprodukt muss in seinem Gesamtvolumen also unterhalb der Grenze gehalten werden, bei der mit einem jeweils gegebenen Stand der Ressourceneffizienz der Produktion eine Übernutzung der Ressourcen stattfindet.

Ökologische Nachhaltigkeit

Der Begriff der „ökologischen Nachhaltigkeit" in Hinblick auf die Ressourcenverträglichkeit der BIP-Produktion muss, wenn es ein sinnvolles Ziel sein soll, definiert sein. Im vorliegenden Konzept wird ökologische Nachhaltigkeit als eine in einem demokratischen Prozess verabredete „Kompromisslinie" zwischen der so genannten „schwachen

Nachhaltigkeit“ und der so genannten „starken Nachhaltigkeit“ gesehen. Starke Nachhaltigkeit bedeutet in Bezug auf jede Naturressource, nur soviel zu nutzen, wie „nachwächst“ – unabhängig davon, ob bei einem „Abbau“ rechtzeitig ein „Ersatz“ in Form alternativer Ressourcen gefunden wird. Öl z. B. dürfte daher bei einer strikten Anwendung der starken Nachhaltigkeit nicht genutzt werden, da eine Entstehung von neuem Öl viele Millionen Jahre dauert. Das andere Extrem, die „schwache Nachhaltigkeit“ erlaubt den Abbau knapper Ressourcen sogar, wenn dadurch „ökonomische oder soziale Werte“ geschaffen werden. So steht beispielsweise die vollständige Rodung von Wäldern, wenn mit Holz z. B. Schiffe, Dachstühle etc. gebaut werden, prinzipiell nicht im Widerspruch zur „schwachen Nachhaltigkeit“. Ein Ansatz für die Kompromissfindung kann sein, erstens bei Ressourcen, die gemäß dem Konzept der „starken Nachhaltigkeit“ bereit gestellt werden können, wie beispielsweise im Rahmen der Waldbewirtschaftung, auch deren Bereitstellung so zu fordern. Zweitens würde man für Ressourcen mengenmäßige Begrenzungen für die Jahresnutzung festlegen, deren Bereitstellung im Rahmen einer „starken Nachhaltigkeit“ nicht oder nur über einen Zeitraum von vielen Generationen möglich wäre (z. B. auch bei fossilen Energieträgern, die ja prinzipiell auch wieder entstehen könnten), und rechtzeitig die Forschung nach

Substituten (Ersatzressourcen) ab einer ersten kritischen Grenze zwingend anstoßen. Eine zweite kritische Grenze darf dabei niemals unterschritten werden, wozu spätestens ab der ersten Grenze die Jahresnutzung stufenweise bis auf Null zu reduzieren ist. Entscheidend ist dabei natürlich die weltweite Verbindlichkeit und Einhaltung der Begrenzung.

Das maximal zulässige Wachstum des Bruttoinlandsproduktes ist dann letztlich an die Innovationsfähigkeit und -leistung der (globalen) Gesellschaft gekoppelt. D. h. wenn Fortschritte in der Ressourceneffizienz durch technologische Innovationen erreicht werden oder durch Substitution von Ressourcen ein höheres Gesamtpotential erschlossen werden kann, darf es ein Wachstum des Bruttoinlandsproduktes geben und nur dann.

Dies wäre die zu verfolgende Zielsetzung in einem bereits balancierten Zustand, d. h. in einer Situation, in der Wohlstand für alle und die balancierte Partizipation an Wertschöpfung und Wohlstand erreicht ist.

III.4 Geldwertstabilität

So wie bereits heute, ist als weiteres Ziel anzustreben, dass Finanzvermögen gegenüber Realvermögen nicht benachteiligt ist, d. h. Geld auch seine Funktion als Wertaufbewahrungsmittel behält. Dabei gilt es zu beachten, dass im vorliegenden Konzept die

Höhe und das Wachstum des Bruttoinlandsproduktes ein separates Ziel sind. Für die Geldwertstabilität im Konkreten bedeutet dies, dass nicht - so wie aktuell und in der Vergangenheit - eine bewusst zugelassene Inflationstendenz als Wachstumsimpuls für das BIP dienen sollte. Denn Wachstum ist im Rahmen einer sozialen Weltökonomie, die das Ökosystem Erde berücksichtigt, nicht ein Ziel an sich, sondern Wachstum muss konform gehen mit der Ressourceneffizienz und Ressourcenverfügbarkeit. Eine Inflationstendenz kann insofern nur nachgeordnet „in Kauf genommen werden", wenn man, um ein von der Ressourceneffizienz / -verfügbarkeit her zulässiges BIP-Wachstum zu ermöglichen, die Geldmenge ausweitet. Heute ist das teilweise anders. Wirtschaftswachstum ist, vor dem Hintergrund steigender Produktivität unter der Maßgabe Vollbeschäftigung zu erreichen, notwendig. Und eine „maßvolle" Inflationsneigung wird heute zur Erreichung von „Preisniveaustabilität" als notwendig erachtet. Damit ist aber ein grundsätzlicher (geldpolitischer) Wachstumsimpuls gegeben.

Ein zweiter Aspekt muss bei dem Ziel der „Geldwertstabilität" beachtet werden: Die Sicherung einer gewissen Wertestabilität für verbriefte Geldansprüche und Realvermögen. Es müssen solche deflatorische Tendenzen verhindert werden, die rezessive Wirkungen entfalten können. Hier ist die Liquiditätshaltung (Kassenhaltung), insbesondere sehr großer ökonomischer Akteure im Weltfinanzsystem, ein entscheidender Faktor. Denn das „Herausgehen" aus verbrieften Geldansprüchen und somit die Fokussierung von Liquidität, verstanden als Zentralbankgeld-Liquidität, bei nur wenigen

Banken bzw. Investoren (über deren depotführende Institutionen) kann das gesamte System destabilisieren. Dies letztendlich auch durch dann mögliche zusätzliche Liquiditätsengpässe im Interbankenmarkt (Bankschuldverschreibungen), die aus einer Akzeptanz-Aversität resultieren können, wenn Zahlungsprobleme der Banken erkennbar werden. Dies war und ist eine der entscheidenden Problemdimensionen der aktuellen Finanzkrise Ende des Jahres 2007 und im Verlauf des Jahres 2008, die auch als maßgeblich für die Große Depression nach 1929 gesehen wurde [4].

Geldwertstabilität in der hier angesprochenen Perspektive bedeutet daher auch, die Verfügbarkeit von Zentralbankgeld-Liquidität und deren Umlauf in der gesamten Ökonomie sicherzustellen. Dabei ist Vorsorge zu tragen, dass bei einer Veränderung der Kassenhaltung bei allen oder besonders großen ökonomischen Akteuren nicht aus dem „Horten" von Zentralbankgeld (bzw Liquidität) oder umgekehrt einem „Fluten" der Märkte mit Liquidität ein entsprechendes Deflations- / Inflationsrisiko und damit eine Geldwertinstabilität resultieren kann. Dies ist ebenfalls zu beachten.

III.5 Weg zur Balance / Steuerung der Balance

Die aktuelle Situation in der Weltökonomie ist so, dass weder eine konsistente Weltfinanzordnung gegeben ist, noch eine balancierte Partizipation an Wertschöpfung und Wohlstand. Als Ziel ist daher auch festzuschreiben, dass die konsistente Weltfinanzordnung den Weg zur Balance unterstützt. Wenn dann in der Zukunft einmal eine balancierte Weltökonomie erreicht sein wird, soll die Weltfinanzordnung steuernd auf die Beibehaltung der Balance einwirken.

Da aktuell aber sowohl eine Übernutzung des Planeten stattfindet, als auch eine extreme Ungleichheit der Partizipation gegeben ist, muss zunächst ein Weg zur balancierten Situation beschritten werden. Über einen gewissen Zeitraum ist hierfür sicher noch eine gewisse Übernutzung der Ressourcen anzunehmen. Ein ambitionierter Ansatz [15] zeigt beispielsweise auf, dass eine balancierte Partizipation auf einem Weg mit realistischem Potential einer Akzeptanz in einem Zeitfenster von vielleicht 50-100 Jahren möglich ist. Auf diesem Weg müsste aber die Ressourceneffizienz permanent bis zu einem Faktor 10 verbessert werden, gleichzeitig auch das BIP real um den Faktor 10 steigen.

Es ist politisch auszuhandeln und zu verabreden, in welchem Entwicklungskorridor der Weg zur balancierten Situation beschritten werden soll und kann. Die Kernaspekte dabei sind faire Verteilung und Ressourcen(über)nutzung.

IV. Eckpunkte einer konsistenten Weltfinanzordnung

IV.1 Das Geldsystem

Im Rahmen einer konsistenten Weltfinanzordnung ist die Verfügbarkeit von Geld als Tauschmittel, Recheneinheit und zur Wertaufbewahrung volumenmäßig am Ziel einer balancierten Ökonomie auszurichten.

Kreditgeld / „Mehrgeld"

In den internationalen Währungssystemen stellt Zentralbankgeld als im Allgemeinen einziges gesetzliches Zahlungsmittel die verpflichtende Erfüllungsform zur Begleichung von Geldschulden dar (sofern vertraglich nichts Abweichendes festgelegt wird). Eine handelbare Geldschuld (in diesem Sinne auch jede Art von Geldversprechen; verbriefte Schuldverschreibungen, Derivate etc.) ist demnach als Kreditgeld aufzufassen, als die „Verbriefung" eines in der Zukunft liegenden Versprechens, für den „Brief" Zentralbankgeld zu bekommen. Jede Art von Vertrag, der zu seiner Begleichung Geld einfordert, ist in dieser Sichtweise Kreditgeld. Das Gesamtvolumen an möglichem Kreditgeld – dem Mehrgeld – wird in den Währungsräumen über die Regularien für die multiple Geldschöpfung begrenzt. Je nach

Ausgestaltung der Regelungen für die multiple Geldschöpfung wird, bei konstanten Festlegungen an dieser Stelle, das Gesamtvolumen an verfügbarem Geld und Geldversprechen / Geldschulden / „Mehrgeld“ über die Zentralbankgeldmenge gesteuert. Geld oder bei Akzeptanz auch Kreditgeld / Mehrgeld ist notwendig für die Abwicklung aller Bezahlvorgänge im Markt und somit notwendig für die Zahlungsabwicklung zur Realisierung des Handels mit Waren und Dienstleistungen, dessen Gesamtvolumen über das Bruttoinlandsprodukt abgeschätzt werden kann.

Auf vielen Märkten, insbesondere auch den elektronischen Handelsabwicklungsplattformen können neben Zentralbankgeld auch verschiedene Formen von Kreditgeld, sofern sie von den Teilnehmern akzeptiert werden, eingesetzt werden (z. B. Geschäftsbanken-Giralgeld für Zahlungen „per Überweisung“). Handelsabwicklungsplattformen – sofern sie kein Zentralbankgeld einfordern – können dabei im weitesten Sinne als „Barter-Handelsabwicklungsplattformen“ betrachtet werden.

Zur finalen „Vernichtung“ von Kreditgeld, also zur Tilgung einer Geldschuld, ist aber im Allgemeinen Zentralbankgeld erforderlich. Nur wenn vertraglich eine „Sachschuld“ verbrieft ist, wird kein Zentralbankgeld – sondern die verabredete Sache – zur Begleichung der Schuld benötigt. Dabei sind auch Mischformen möglich, z. B. Warenterminkontrakte, die, obwohl sie eine Warenlieferung zu einem vorbestimmten Preis als Schuld verbriefen, auch durch die

Zahlung der Differenz von aktuellem und vorbestimmtem Preis beglichen werden können.

In einer prinzipiellen Betrachtung ist unter „Geld" - neben dem offiziellen Zahlungsmittel Zentralbankgeld - auch jede Form eines (verbrieften) Anspruchs auf Geld zu verstehen. D. h. aus Vermögensperspektive ist das Gesamtvolumen von Finanzvermögen zu betrachten (dem eine entsprechende Verschuldung gegenübersteht). Darunter fallen auch alle verbrieften Sachwerte, die bei einer Verbriefung gewissermaßen wertbasiertes Geld darstellen. Hintergrund für diese Betrachtung ist insbesondere, dass mit der Verfügbarkeit elektronischer Handelsabwicklungsplattformen (den Security Settlement Systems) mittlerweile solche verbrieften Ansprüche quasi als Geldsubstitute oder „Ersatzwährung" im Rahmen ökonomischer Austauschprozesse genutzt werden können und genutzt werden.

Dies hat zu einer Entwicklung geführt, bei der - weltweit betrachtet - der Anteil des Einkommens aus Finanzvermögen (inkl. Aktien) am Gesamteinkommen (BIP) von weniger als 7 % im Jahr 1970 auf fast 20 % im Jahr 2007 gestiegen ist (bei einer angenommenen Durchschnittsrendite von 5 %). Gleichzeitig erhöht sich auch noch als Teil des gesamten Finanzvermögens das Volumen an „Mehrgeld" (vgl. Kasten), insbesondere Schuldverschreibungen, ständig, da die weltweite Sparquote zur Gewährung der benötigten Kredite - insbesondere an die öffentlichen Hände weltweit - nicht mehr ausreicht. Dem Zentralbankgeld stehen immer mehr „verbriefte Geldansprüche" / „Mehrgeld" gegenüber.

Daraus erklärt sich dann auch, was vor der Weltfinanzkrise zu beobachten war:

a) der inflationäre Druck auf Sachvermögen (bei genügender Liquiditätsausstattung) und der „Wunsch" nach Privatisierungen (von Sachvermögen im öffentlichen Besitz), um so privates (inflationsgefährdetes) Finanzvermögen in „stabile" Werte zu wandeln (statt Ansprüchen auf zukünftige Zinszahlungen der öffentlichen Hände und anderer Schuldner hat man dann ein Renditepotential aus Sachvermögen).

b) der Zwang zur unternehmerischen Konsolidierung (für größere Marktanteile), da das Einkommenspotential unternehmerischer Tätigkeit in Relation zum Einkommensanteil aus Finanzvermögen sinkt. Dies trifft in der jetzigen Phase besonders solche eigentümergeführten Unternehmen, die keinen privilegierten Zugang zum Finanzsystem haben.

c) der Druck auf die Einkommen aus nicht-selbstständiger Arbeit, um weiteres Renditepotential für den ständig wachsenden Anteil der Einkommen aus Finanz- und Sachvermögen zu erschließen, aber auch zur Erfüllung der Renditeansprüche unternehmerischen Investments (insgesamt: um Renditeansprüche aus Vermögen abzudecken).

d) das „automatische“ Absinken der Abgabenquote - bei konstanten Steuer- und Abgabesätzen - solange die Erträge aus Finanzvermögen und Finanzanlagen niedriger belastet sind als Einkommen aus nicht-selbstständiger Arbeit (inkl. Lohnzusatzkosten).

Dies bedingt für eine konsistente Weltfinanzordnung Regelsetzungen, die effiziente und effektive Steuerungsmöglichkeiten für das Geldvolumen besonders in Hinblick auf Inflation und Ressourcennutzung bereitstellen. Das Geldsystem soll dabei insbesondere auch die Verhinderung einer Ressourcenübernutzung mit unterstützen.

Aus heutiger Sicht sind hierbei als vorgegebene Randbedingungen anzusehen:

- Beibehaltung von Währungsräumen

- Beibehaltung flexibler Wechselkurse

Dabei kann es natürlich sein, dass die Anzahl der Währungen, z. B. durch Ausweitung des Euro-Raumes, sinkt. Vor diesem Hintergrund bieten sich zwei Zugangswege zur Steuerung des Geldvolumens an, die sich sinnvoll ergänzen:

a) Steuerung der Basis für die multiplikative Geldschöpfung

b) Steuerung der multiplikativen Geldschöpfung selbst

IV.1.1 Steuerung der Basis für die multiplikative Geldschöpfung

Ein Lösungsansatz zur Steuerung der Geldschöpfungsbasis für ein auf Nachhaltigkeit ausgerichtetes Geldsystem könnte die Rückkehr - als Teil einer internationalen Vereinbarung - zu einem System werthaltigen Geldes sein. Da die knappen (Umwelt-)Ressourcen den ökologischen Engpass für Wertschöpfung darstellen, bieten sie sich als Grundwert des Geldes an. Ressourceneffizienz und Umlaufgeschwindigkeiten des Geldes wären dann wichtige Bestimmungsfaktoren für den Geldschöpfungsmultiplikator. Den „Anker“ kann dabei die Definition einer „Common Goods“ Deckung der Sonderziehungsrechte als werthaltige Weltwährung und weltweit einheitliche Basis für die multiplikative Geldschöpfung bilden.

Solche in der Literatur diskutierten Ansätze eines werthaltigen Geldsystems knüpfen letztendlich an die frühere Gold- bzw. Edelmetalldeckung des Geldes an. Gold wird dabei durch andere und nicht einfach vermehrbare „Ressourcen“ abgelöst. Solche Ressourcen können dabei beispielsweise auch CO_2-Emmissionsrechte sein. Die Tragfähigkeit solcher Ansätze hängt allerdings u. a. davon ab, ob für die zugrunde liegenden Werte, also die Ressourcenseite, eine tragfähige Bezugsgröße für die „Common Goods“ inklusive deren Zuteilung über die Nationen bzw. alle Menschen auf diesem Globus gelingt. Hinzu kommt dann natürlich noch das Problem, die „Common Goods“, die als Grundlage betrachtet werden, zu benennen. Technischer Fortschritt, der beispielsweise Ersatzstoffe zur Erstellung eines bestimmten Gutes nutzbar macht, kann so kurzfristig zu einer massiven Veränderung auf Seiten der Ressourcenverfügbarkeit führen. Entsprechend würde sich die Kalkulationsbasis für die Wertbestimmung von Geld ändern. Ob ein Weg zur erfolgreichen Umsetzung eines stabilen Weltfinanzsystems über eine „Common Goods“ Deckung von Geld, die eine sehr grundsätzliche Lösung darstellen würde, gefunden werden kann, erscheint aus heutiger Sicht eher als zweifelhaft. Gegebenenfalls kann dieser Ansatz aber zumindest als Grundlage für eine „bedingungslose“ Partizipation an Wohlstand und Wertschöpfung dienen (vgl. hierzu Kap. V.3.5), indem man in Abhängigkeit der Ressourceneffizienz die Höhe dieser Grundpartizipation (als Einkommen) aus einem Zugriffsrecht auf die knappen Ressourcen ableitet.

Die Alternative zu einem „Common Goods“-basierten Geldsystem sind Verabredungen auf internationaler Ebene über das Volumen der jeweils währungsraumspezifisch und global vom Gesamtvolumen her verfügbar gemachten Zentralbankgeldmenge. Die Zentralbanken müssten sich hier z. B. auf Quoten einigen hinsichtlich Verteilung und Wachstum der entsprechenden währungsspezifischen Zentralbankgeldmengen. Die Quoten könnten dabei abgeleitet werden aus dem jeweiligen einzelstaatlichen Niveau der erreichten Ressourceneffizienz. Die Wachstumsquote des Gesamtvolumens an Zentralbankgeld müsste dem nachhaltig zumutbaren Wirtschaftswachstum angepasst sein. Dies entspricht prinzipiell der Art und Weise, wie der Euro-Raum sein Zentralbankgeldmengenwachstum steuert und auf die einzelnen Teilnehmerstaaten des Euro-Raumes verteilt. Dieser Ansatz soll als Eckpunkt einer konsistenten Weltfinanzordnung auf ein System mit mehreren Währungen übertragen werden.

IV.1.2 Steuerung der multiplikativen Geldschöpfung

Die Regelsetzungen und Regulierungen auf globaler Ebene sind - dem Subsidaritätsprinzip folgend - darauf auszurichten, Unfairness zwischen den Währungsräumen auszuschließen. Vor diesem Hintergrund ist besonders das Thema Geldschöpfung und in diesem Zusammenhang auch die Schöpfung von Fremdwährungen zu betrachten. Dies betrifft dann die Frage, mit welchen Geldschöpfungspotentialen Kreditbanken und andere Emittenten ausgestattet werden. Daneben ist allerdings auch der Aspekt relevant, ob die Festlegung von Mindestreserven und Eigenkapitalanforderungen hinsichtlich der Risikoaktiva in der bisherigen Ausgestaltung effektive Instrumente zur Begrenzung von Geldmengenaggregaten darstellen. Da dies zu verneinen ist, wird als Eckpfeiler einer konsistenten Weltfinanzordnung eine Mehrgeldsteuer (englisch: leverage money tax) als ergänzendes Instrument der Geldmengensteuerung vorgeschlagen. Zudem sollten die Liquiditäts- und Eigenkapital-Richtlinien auf alle Emittenten von „Mehrgeld" (Kreditgeld und Geldsurrogaten) und auch alle anderen Unternehmen als Teil international verabredeter Accounting Standards ausgeweitet werden. Ziel dabei ist es zu unterbinden, dass Risikopositionen zur Umgehung von Liquiditäts- und Eigenkapital-Hinterlegungspflichten gezielt verschoben werden.

Eine „Mehrgeldsteuer" bedeutet im Prinzip den Einbezug von Finanzprodukten in das Wertschöpfungssegment durch eine Abgabe auf jede Art von emittierten Schuldtiteln oder vergebene Kredite, d. h. auf neu geschöpftes Kreditgeld und Geldsurrogate. Dies wäre schon deshalb angebracht, weil sich der Finanzmarkt mittlerweile als eigenständiger Markt für die Erzielung von Erträgen mit einem hohen Volumen ausgebildet hat und somit Finanzprodukte und Finanzdienstleistungen nicht nur als Vorlieferungen in Wertschöpfungsprozessen zu sehen sind. Sie stellen eigenständige Wertschöpfungen dar.

Eine wichtige Begründung für die Mehrgeldsteuer könnte zudem der durch eine Geldschöpfung induzierte Inflationsdruck und Instabilität sein. Die Abgabe würde von denen eingefordert, die das Gemeinwesen durch eine Erhöhung des Inflations- und Stabilitätsrisikos belasten. Ein zweites Element, das die Höhe der Mehrgeldsteuer bestimmen kann und darüber auf die Menge neu geschöpften Geldes Einfluss nimmt, könnte die Ressourceneffizienz eines Währungsraumes reflektieren. Bei einer Verbesserung der Ressourceneffizienz darf ein monetärer Impuls für Wachstum erfolgen. Dabei ist aber immer der Korridor der verabredeten Strategie zur Erreichung von Nachhaltigkeit einzuhalten.

Eine „Mehrgeldsteuer" könnte bei der momentanen Regelung für zu hinterlegendes Eigenkapital in Bezug auf Risikoaktiva gemäß Basel II dem Prinzip der Leistungsfähigkeit folgend so ausgestaltet werden, dass sie umgekehrt proportional zum Risikogewicht der gewährten Kredite (= Geldschöpfung) ist. Alle, die ohnehin höhere Zinsen für einen Kredit zahlen müssen - also insbesondere kleine und mittelständische Unternehmen und private Haushalte -, würden dadurch entlastet. Belastet würden die Hauptprofiteure im Finanzmarkt.

Eine Intention der Mehrgeldsteuer wäre die Schaffung eines Instruments zur Kontrolle, Regulierung und Steuerung der Geldmenge in einer weit gefassten Begrifflichkeit. Die betrachtete Geldmenge sollte jedes Kreditgeld und jede Form von Geldsurrogaten umfassen. Daher wäre die Mehrgeldsteuer als Abgabe auf alle verbrieften Sicherheiten (dazu sind auch Aktien zu zählen) und alle Kontrakte mit Kreditcharakter (also beispielsweise auch Derivate, Forwards und RePos) auszurichten. Erhoben werden könnte die Abgabe über die Security Settlement Systeme (Verwaltung der Sicherheiten in den Depositories) und über die depotführenden Banken (Custody Services). Bei einem umfassenden Einbezug aller Verbindlichkeiten – die letztlich in der Passiv-Seite von Bilanzen zusammen gefasst sind – kann die Abgabe auch im Rahmen der Steuererklärung erfasst und bearbeitet werden. Die Details hängen dabei insbesondere davon ab, in welchem Maß eine Verpflichtung zur Registrierung von Emissionen usw. umgesetzt werden kann.

Als weiteres Detail wäre zu überlegen, ob spezifische Kredittypen von einer Abgabe ausgenommen werden sollen, beispielsweise im Hinblick auf die Verschuldung der öffentlichen Hand. So könnte argumentiert werden, dass die Zinsaufwendungen der öffentlichen Hand steigen, sofern auch auf diese Kredite die Mehrgeldsteuer erhoben wird. Vergleichbar wäre dies jedoch mit der Mehrwertsteuer, die ja auch von der öffentlichen Hand zu entrichten ist. Schließlich ist diese Steuer ja gleichzeitig auch Einnahme der öffentlichen Hand, also aufwandsneutral.

Zudem würde sich eine Mehrgeldsteuer, die auch auf Kreditaufnahmen der öffentlichen Hände angewandt wird, z. B. positiv auf die Konvergenzbemühungen innerhalb der Euro-Währungsunion auswirken, wenn sie auf europäischer Ebene als Finanzierungsinstrument eingesetzt wird. Denn höher verschuldete Staaten würden dann - bei gleichwertiger ökonomischer Leistungsfähigkeit - einen höheren Beitrag zahlen müssen als weniger verschuldete. Der Beitrag würde dabei also auch noch die jeweilige Leistungsfähigkeit berücksichtigen (abgeleitet aus dem Rating der Staaten). Ähnliches würde bei einer weltweiten Erhebung zur Co-Finanzierung von Entwicklung gelten, um bei Entwicklungsländern die Akzeptanz von ökologischen und Sozial-Standards in internationalen Regimes (bspw. auch in Hinblick auf die dringend notwendige Begrenzung der Treibhausgasemissionen zur Abmilderung der Klimaproblematik) zu erreichen.

In Ergänzung zur „Steuerung der multiplikativen Geldschöpfung" sind weitere für eine konsistente Weltfinanzordnung zu adressierende Problembereiche:

- anonymes Einbringen von Eigenkapital
  (z. B. über hybride Schuldverschreibungstitel)

- Intransparenz von RePo-Geschäften.

Hierfür sind geeignete Gesetzesänderungen vorzunehmen, die beispielsweise Transparenzrichtlinien und Zugriffsmöglichkeiten durch die Finanzdienstleistungsaufsicht festlegen.

IV.2 Das Steuersystem

Die Ausgestaltung einer Reform des Steuersystems muss am Ziel einer optimierten Bereitstellung und Finanzierung von Infrastruktur und Gemeinwesen ausgerichtet sein. Dabei geht es dann auch um Fairness und um Verteilungsfragen hinsichtlich der Aufbringung von Steuern und um den richtigen, d. h. effektiven und effizienten Einsatz der Mittel. Der adäquate Maßstab sind dabei Zukunftsorientierung, Nachhaltigkeit und soziale Balance. Dabei sind heute und in Zukunft auf nationaler Ebene spezifische Zwänge, die aus einer aktuellen, teils in eine völlig falsche Richtung weisenden Globalisierung resultieren, mit zu beachten, aber auch zu benennen und doppelstrategisch in die Überlegungen einzubeziehen.

Will man ein vernünftiges Besteuerungssystem entwickeln, sind Ziele zu formulieren wie z. B. ein leistungsfähiges Gemeinwesen. Die zur Zielerreichung nötigen Voraussetzungen sind zu finanzieren, z. B. eine gute Ausbildung für alle Bürger, die lange Erhaltung der Leistungsfähigkeit, gerade der so gut ausgebildeten Bürger, über ein leistungsfähiges Gesundheitssystem, eine hervorragende Infrastruktur für Kommunikation, Koordination und Kooperation etc.

Ziele der genannten Art sollten der Ausgangspunkt aller Diskussionen sein. Es geht zunächst und entscheidend um Effektivität, um die Erreichung als wichtig erachteter Ziele, mehr als um Effizienz, also günstige Input-Output Relationen in Wertschöpfungsprozessen, so wichtig der Effizienzaspekt auch sein mag. Das gilt insbesondere auch für das schwierige Thema Steuern. Die Regeln für die Aufbringung der erforderlichen Mittel müssen eine gerechte

Einbindung aller nach dem Leistungsprinzip vorsehen. Die Verwendung der Mittel muss fair und transparent sein und dem ökonomischen Prinzip folgen. Zielerreichung mit minimalem Einsatz! Regeln, die Ungerechtigkeiten zulassen, sind zu verändern, genauso wie erkannte Tatbestände einer Fehlverwendung der Mittel. Dies sind die Ausgangspunkte für eine konsistente Abgabenordnung, nicht der unspezifizierte Ruf nach immer weiteren Steuersenkungen, auch nicht deren Einforderung mit dem Hinweis auf niedrigere Steuern in anderen Ländern. Bei einer nun schon seit ca. 40 Jahren gegebenen jährlichen Neuverschuldung der öffentlichen Hände – weltweit betrachtet – würde dies die Abwärtsspirale nur beschleunigen.

Die nationale Politik und Gesetzgebung europäischer Länder muss dabei zugleich immer das Ziel eines starken Europas vor Augen haben und Steuergerechtigkeit und Fairness in diesem Kontext und global anstreben. Den schwierigen politischen Aushandlungsprozessen im europäischen Kontext ist dabei Rechnung zu tragen. Auch die Platzierung und Einbindung von Europa in den laufenden Prozess der Globalisierung beeinflusst den nationalen Handlungsrahmen. Es geht also nicht nur um Gerechtigkeit und Fairness innerhalb von Nationalstaaten. Das Ziel eines konsistenten Steuersystems muss darüber hinausgehen. Und die entsprechenden Vorstellungen sollten transparent verfolgt und öffentlich artikuliert werden.

Wo aber faire und vernünftige Vorschläge in anderen EU-Ländern oder im weltweiten Kontext nicht auf Akzeptanz treffen, weil z. B. Einzelanliegen dominieren oder Mitnahmeeffekte zu Lasten anderer verfolgt werden, sollten in geeigneter Weise kompensatorische Maßnahmen und Abwehrmechanismen ergriffen werden. Das fördert die Zukunftsentwicklung besser als ein Steuersenkungswettlauf nach unten. Die entsprechenden Zusammenhänge sind öffentlich zu kommunizieren. Wenn andere Länder also ihre Steuergesetze so gestalten, dass Abgaben, die von der Sache her nicht in ihrem Land zu entrichten wären, über steueroptimierende Konstruktionen abgezogen werden können, dann muss dies transparent gemacht werden, genauso wie die Reaktion darauf.

Das heißt auch, dass Fehlentwicklungen drohen, wenn man das Steuersystem als Faktor im Standortwettbewerb auf nationaler, europäischer und weltweiter Ebene instrumentalisiert, so wie dies heute geschieht. Stattdessen sind Steuerharmonisierung und Mindeststandards, vor allem auch schon in Europa, dringend geboten. Nicht zuletzt, damit sich die Wirtschaft wieder auf ihr Kerngeschäft konzentrieren kann: Wettbewerbsfähigkeit herstellen und Wertschöpfung in Konkurrenz zu anderen unter bestehenden Rahmenbedingungen sichern, nicht Gewinnsteigerung durch Absenkung von Standards (denn das ist trivial und keine Leistung).

Und dabei geht es auch um Chancengleichheit. Aktuell ist die Last der Steuerabgaben aber sehr ungleich verteilt. Kleine Unternehmen, Mittelständler, eigentümergeführte Unternehmen und der Faktor Arbeit sind oft hoch belastet, in letzter Konsequenz auch deshalb, weil manche „Global Player“ und vor allem international operierende Finanzdienstleister sich der Belastung fast gänzlich entziehen können. Dies ist nicht nur unfair und widerspricht den

Prinzipien einer Besteuerung nach Leistungsfähigkeit, es widerspricht auch allen immer wieder zu hörenden Forderungen nach gleichen Wettbewerbsbedingungen für alle Unternehmen.

Es ist insbesondere den Fachleuten in Wirtschaft, Wissenschaft und Politik bekannt, dass die bestehende Gesetzeslage gerade für große global agierende Unternehmen, besonders auch für Finanzinstitutionen, eine ganze Reihe von Möglichkeiten zur „Steueroptimierung“ enthält, und es ist auch bekannt, dass kleine und mittelständische, und gerade auch die lokal agierenden Unternehmen ein weitaus geringeres Potential haben, solche Steueroptimierungen für sich zu realisieren. Dies ist eine Unfairness in der Balance! Es ist auch bekannt, dass gerade diese Ansätze zur Steueroptimierung dazu führen, dass z. B. in Deutschland erwirtschaftete Erträge (das trifft aber auch für andere Länder zu) zu Steuereinnahmen in anderen Ländern führen, weil dort bewusst weniger Steuern erhoben werden. Hier spielt u. a. anonymes Fremdkapital zur „Umqualifizierung“ von Gewinnen eine Rolle. Es ist mittlerweile auch bekannt, dass die relative Höhe der Lohnnebenkosten im Vergleich zu den Kapitalertragskosten zu einer Verlagerung unternehmerischer Aktivität in das Segment Vermögensanlage / Vermögensmanagement zu Lasten produktiver Arbeitsplätze führt. Produktion erfolgt primär dort, wo Löhne und Lohnnebenkosten so niedrig sind, dass der Profit nicht unterhalb eines möglichen Profits durch Finanzvermögen liegt. Schon allein daraus wird klar, dass die Belastungen im Bereich der Erträge aus Finanzkapitaleinsatz mindestens so hoch sein sollten wie bei Humankapital (Lohn-/ Lohnnebenkosten).

Es ist nicht Ziel führend - vor dem Hintergrund der aktuell gültigen Gesetzeslage für den Kapitalmarkt und die Finanzinstitutionen - Finanzinvestitionen jedweder Art steuerlich gegenüber dem Einsatz von Humankapital (also Arbeitsplätzen) besser zu stellen. Das kann dazu führen, dass in Folge dann auch noch die kleineren Unternehmen von Investoren über neue Kredite aufgekauft werden (dies nennt man auch „leveraged buy-out"), wodurch die Inflation angeheizt wird und anschließend Arbeitsplätze verschwinden, aber nicht die Produktion wächst. Dies begünstigt die ohnehin bereits ökonomisch Starken. Es schafft keine Wohlstandsmehrung durch „Wohlstand für alle" und ein fairer sozialer Ausgleich wird verhindert, stattdessen entsteht „Spaltung".

Es ist auch bekannt, dass der über die Steuergesetzgebung geführte Standortwettbewerb teils zu absurden Standortverlagerungen von Unternehmen und Arbeitsplätzen führt, weil diese Verlagerungen in der Regel nicht die Produktivität erhöhen und weil so ein vernünftiger sozialer Ausgleich immer mehr ausgehebelt wird. Dies führt zu einer Ausplünderung von Gesellschaften, bei der letztendlich in keinem Staat mit großer Bevölkerung nachhaltig Infrastruktur und Gemeinwesen in angemessener Qualität aufrechterhalten werden können. Die Voraussetzungen für erfolgreiches Unternehmertum und Wohlstand verschlechtern sich damit. Dies geht in besonderem Maße zu Lasten der leistungsfähigen, partnerschaftlich organisierten Wirtschaft, also zu Lasten der vielen lokal, regional oder national operierenden oder verbundenen Unternehmen, Unternehmern und Erwerbstätigen, die den Großteil der Steuerleistung erbringen müssen, während sich viele globale Akteure dem - vielfach ganz legal - entziehen.

Im Kern geht es daher bei einer Reform des Steuersystems darum, fair und dem Prinzip der (ökonomischen) Leistungsfähigkeit folgend einen Teil der Wertschöpfung als Beitrag zur Finanzierung der Basis für Wertschöpfung und Wohlstand zu erheben.

Das dafür zu konzipierende Abgabesystem sollte

- Rechtsform-neutral
- Kapital-neutral
- Gestaltungs-neutral

sein.

Das Ziel muss ein gerechtes und balanciertes Abgabesystem auf Erträge sein, dass in der Tendenz bei gleicher ökonomischer Leistungsfähigkeit

- zu gleichen realen Abgabequoten bei allen Wertschöpfungs- und Geldschöpfungsprozessen führt und
- Maßnahmen zur Steueroptimierung unnötig macht.

Das ertragsorientierte Abgabesystem bedingt

- die Bemessungsgrundlage auf alle Entgelte des Kapitaleinsatzes zu verbreitern (Eigenkapital, Fremdkapital, Humankapital und Umweltkapital),

- angemessene Abgabesätze ohne Umgehungsmöglichkeiten festzulegen,

- eine Kompensation bei erkannter Unfairness vorzusehen.

Vor dem Hintergrund einer beobachteten Stagnation und Abnahme des Anteils des Ertragspotentials aus dem Einsatz von Humankapital (insb. im Bereich unselbstständiger Arbeit) ist ein Abgabesystem erforderlich, bei dem das Ertragspotential des Arbeitseinsatzes eher weniger belastet wird in Relation zum Ertragspotential des Eigen- und Fremdkapitaleinsatzes und nicht wie heute in den meisten entwickelten Ländern mehr. Man braucht daher eine weitestgehend kapitalneutrale Lösung und nicht nur eine Finanzierungsneutralität (hinsichtlich Eigen- und Fremdkapital). Eine Verbreiterung der Bemessungsgrundlage in einer Weise, dass alle Entgelte auf eingesetztes Kapital einbezogen sind, also auf Eigenkapital, Fremdkapital und Humankapital (das bislang am stärksten belastet ist), aber auch die Ressourcennutzung (das Umweltkapital), ist eine Schlüsselfrage. Die gesamten Abgaben auf die über einen Arbeitsplatz erwirtschafteten Erträge müssen gegenüber den Abgaben bei Eigen- und Fremdkapital auf einem vergleichbaren Niveau liegen. Sofern nicht anders eine wirkungsvolle Besteuerung aller am jeweiligen Standort erwirtschafteten Erträge gewährleistet werden kann, bedingt dies beispielsweise eine Erfassung aller Schuldzinsen und Lizenzgebühren bei der Ermittlung der steuerlichen Bemessungsgrundlage, um auf diese Weise die heute von international operierenden (großen) Unternehmen gerne genutzte, die zu zahlenden Steuern mindernde, „Umqualifizierung" von Gewinnen wirkungsvoll zu unterbinden. Dabei sollte es ein Ziel sein, die klein- und mittelständischen Unternehmen zu entlasten, denn diese müssen beispielsweise für Fremdkapital in der Regel höhere Zinsen aufbringen als große Unternehmen (Stichwort: Basel II). Deshalb wäre an dieser Stelle selbst eine progressive Besteuerung (nach dem Prinzip der ökonomischen Leistungsfähigkeit) durchaus angemessen (als Element der Herstellung von Chancengleichheit bei ungleichen Zugriffsmöglichkeiten auf den Kapitalmarkt). So würden grundlegende Defizite des Steuersystems verringert.

Tatsache ist, dass es derzeit real eine ganz ungleiche Ertragssteuerbelastung gibt – je nach dem Grad der ausgenutzten Gestaltungspotentiale. Fair ist dies nur, solange derartige Gestaltungsmöglichkeiten im Rahmen einer demokratischen Willensbildung gewollt sind und von jedem auch tatsächlich genutzt werden können. Unfair ist es hingegen, wenn gewisse Gestaltungsmöglichkeiten nur demjenigen zugänglich sind, der über großes Kapital oder über einen großen Umsatz verfügt, der privilegierten Zugang zu Banken und zum Kapitalmarkt hat oder sich die teuersten Berater leisten kann.

Das Abgabesystem für eine „balancierte Ökonomie" sollte zudem eine Komponente beinhalten, die auf sehr hohe Kapital- bzw. Vermögensakkumulationen steuernd einwirken kann. Dies ist auch vor dem Hintergrund zu betrachten, dass die derzeitige Verteillogik bei Vermögen und so die Verteilung des Ertragspotentials aus Vermögen nicht der für eine maximale Entfaltung des Wertschöpfungspotentials notwendigen Balance entspricht (Equity zwischen 0,5 und 0,65). Für diesen Aspekt soll als vermögensorientierte Abgabekomponente eine geeignet ausgestaltete Erbschaftssteuer konzipiert werden. Hier wird der Ansatz verfolgt, die zukünftigen Erträge aus einer Erbmasse für einen gewissen Zukunftszeitraum mit einer höheren Progression im Steuer- und Abgabesystem zu behandeln.

IV.3 Ausgleichsprozesse

Zentrale Ansätze für die Finanzierung von Ausgleich und Ausgleichsprozessen aber auch für den notwendigen Adaptionsprozess werden bei Abgabesystemen gesehen, die globale Transaktionen oder Umweltkapital (Ressourcennutzung) als Bemessungsgrundlage haben. Globale Transaktionen betreffen dabei beispielsweise den (insbesondere zwischenstaatlichen) Handel

- von Gütern (Terra-Abgabe),
- von Finanzprodukten (Security Transaction Tax).

Solche Abgabesysteme bieten sich u. a. auch deshalb an, weil sie gleichzeitig auch eine Wirkung in Hinblick auf eine Eindämmung von Steuerumgehungen durch „unfaire Verrechnungspreise" (transfer pricing) haben können.

Neu eingeführte Abgabesysteme können insbesondere aber auch die Inkludierung ökologischer Wahrheiten in die Preise betreffen. Dies ist beispielsweise bei Abgaben auf Flug- und Schiffstreibstoffe der Fall, also Abgaben auf internationalen Transport. Die Mehrgeldsteuer (eine Abgabe auf neu geschöpftes Geld und Geldsurrogate, vgl. Kap. V.1.2.2) bietet sich ebenfalls als Finanzierungsinstrument (und nicht nur Steuerungsinstrument für das Geldsystem) an. Einen weiteren wichtigen Ansatz bietet die Fortentwicklung des Kyoto-Vertrages nach 2012 in Form eines globalen Cap- und Trade-Systems, das bezüglich der Zuteilung von Eigentumsrechten und den knappen Emissionssmöglichkeiten für Klimagase dem Prinzip der Klimagerechtigkeit (climate justice) folgt.

V. Konkretisierung der Ausgestaltung

V.1 Geldsystem

V.1.1 Vereinbarungen zum Zentralbankengeld

Ein erstes wesentliches Ziel, das über die Ausgestaltung des Rahmens bzw. der Regularien des Geldsystems erreicht werden soll, ist die „nachhaltigkeitsorientierte" Limitierung des Bruttoinlandsproduktes, sowie dessen Wachstum auf weltweiter Ebene. Bei einer hinsichtlich der Produktion von Waren und Dienstleistungen verfügbaren Technologie und deren Ressourceneffizienz soll eine nachhaltige Nutzung der Gesamtressourcen der Erde gewährleistet werden. Da im Allgemeinen bei der Handelsabwicklung zumindest irgendeine Form von Geld benötigt wird und Zentralbankgeld als gesetzliches Zahlungsmittel die Basisliquidität für die Ökonomie darstellt, bietet sich hier ein erster Ansatzpunkt, das genannte Ziel - zumindest teilweise - zu operationalisieren. Die Zentralbankgeldmenge, d. h. die Verfügbarkeit gesetzlicher Zahlungsmittel, ist weltweit so zu verabreden, dass steuernd auf das Gesamtvolumen der möglichen Handelsabwicklungen und damit dem Bruttoinlandsprodukt eingewirkt wird.

Dabei ist zu berücksichtigen, dass bei der Handelsabwicklung nicht in allen Fällen Zentralbankgeld erforderlich ist, insbesondere dann nicht, wenn die Akteure zur Begleichung einer Schuld auch andere „Werte" akzeptieren. Prinzipiell ist dabei - wenn man einmal vom direkten Tauschgeschäft von Waren, Dienstleistungen und

Sachvermögenswerten, den Barter-Geschäften, absieht - die Verfügbarkeit von „verbrieften Geldansprüchen", d. h. eine irgendwie geartete Form von Kreditgeld, erforderlich. Aber auch verbriefte „Asset-Ansprüche" sollen in einer erweiterten Betrachtung Berücksichtigung finden, also beispielsweise auch Future-Verträge im Bereich von Rohstoffen (Commodity Futures), genauso aber auch Aktien. **Jede Form eines handelbaren, verbrieften Anspruchs auf Geld, Waren, Dienstleistungen etc. (Finanzmarktprodukte) wird in einer allgemeinen Sicht so interpretiert als wäre auch eine Erfüllung des Anspruchs über einen, dem Wert der Schuld entsprechenden Zentralbankgeldbetrag, möglich** (wie dies beispielsweise bei Commodity Futures standardmäßig gilt). Die Zentralbankgeldmenge ist bei dieser Sichtweise die Basis für die multiple Schöpfung von allen Finanzmarktprodukten.

Das Gesamtvolumen der Finanzmarktprodukte ist - neben der Zentralbankgeldmenge - aus einem anderen Gesichtspunkt zu steuern bzw. zu begrenzen. In einer balancierten Ökonomie sollte bei einer über die Zeit konstanten Rendite auf Finanzvermögen die Relation zwischen dem gesamten Finanzvermögen und dem Bruttoinlandsprodukt vergleichsweise konstant bleiben, gegebenenfalls sogar sinken. Denn sonst würde aus einem Wachstum eines Anteils von Erträgen aus Finanzvermögen ein Absinken der Anteile anderer Faktoreinkommen resultieren. Entsprechend ist - neben der Begrenzung der Basis für multiple Geldschöpfung - auch das Gesamtfinanzvermögen über die Regularien zur multiplen Geldschöpfung zu steuern (vgl. hierzu Kap. V.1.2).

Der Bedarf von Zentralbankgeld für die Handelsabwicklung des Bruttoinlandsproduktes hängt u. a. von den konkret verhandelten Zahlungsverabredungen und dem Zahlungsverhalten (Umlaufgeschwindigkeit des Geldes) ab. Diese Faktoren können vielschichtig und hochkomplex sein, so dass eine genaue Bestimmung des Zentralbankgeldbedarfs über ein entsprechendes theoretisches Modell bislang nicht möglich ist. Somit muss man als ersten Schritt hier hilfsweise eine Abschätzung vornehmen, beispielsweise über eine Betrachtung der drei Märkte „Waren und Dienstleistung", „Sachwerte" und „Finanzprodukte". Schätzt man hier Handelsvolumina und Umlaufgeschwindigkeiten und unterstellt man die Akzeptanz von Zentralbank- und Geschäftsbanken-Giralgeld, d. h. Geld der Geldmenge M_1, so kann auf der Basis der Statistiken und dem daraus ablesbaren Faktor M_1 dividiert durch M_0 die bislang in den Märkten „aktive" Zentralbankgeldmenge abgeleitet werden [20].

Die Verabredungen auf internationaler Ebene sollten dann in Hinblick auf Zentralbankgeld so gestaltet sein, dass das insgesamt damit realisierbare Bruttoinlandsprodukt nicht mehr an knappen Ressourcen beansprucht, als unter dem Gesichtspunkt einer nachhaltigen Ressourcennutzung pro Jahr nachwachsen oder über Innovationen substituiert werden kann bzw. hinsichtlich eines „zulässigen" Volumens vereinbart ist. Als Messgröße für die Ressourcennutzung bieten sich dabei Konzepte wie der „ökologische Fußabdruck" oder die im Rahmen des Kyoto Prozesses betrachteten Grenzwerte für „Greenhouse Gas Emissionen" an.

Der „ökologische Fußabdruck" der Menschheit ist aktuell zu groß. Zur Produktivität des aktuellen BIP (2008) benötigt man mehr Ressourcen, als auf der gesamten Fläche der Erde nachhaltig bereitgestellt werden können. Im Bereich der „Greenhouse Gas Emission" ist weltweit akzeptierte Erkenntnis und Annahme, dass bei der derzeitigen Ressourcennutzung (und damit verbundenen Emissionen) ein Anstieg der Temperaturen auf der Erde um durchschnittlich 2 Grad Celsius bis 2050 nur noch bei signifikanter Reduktion des Ausstoßes limitiert werden kann [6]. Über diese Reduktion der Greenhouse Gas Emissionen und deren Verteilung auf die Nationen der Welt wird im Rahmen der Klima-Verhandlungen in Folge des Kyoto-Protokolls gerungen.

Daraus leitet sich dann der Ansatz für die globale Limitierung der Zentralbankgeldmenge ab (*vgl. Kasten*). Die Geldmenge ist dabei so zu verabreden, dass auf globaler Ebene das Bruttoinlandsprodukt nur um soviel wachsen kann, wie es das erreichte Niveau der Ressourceneffizienz erlaubt, d. h. die technischen Fähigkeiten, Waren und Dienstleistungen mit den knappen Ressourcen (im Sinne einer nachhaltigen Nutzung) zu produzieren. Da allerdings heute eine Übernutzung gegeben ist, müssen die Verabredungen einen Übergang zur Nachhaltigkeit berücksichtigen. Es bietet sich daher an, die Zentralbankgeldmenge konsistent zu den Verabredungen eines Zielkorridors für die Minderung von Treibhausgas-Emissionen (gemäß einer Kyoto-Protokoll-Folgevereinbarung) festzulegen.

Festlegung von Zentralbankgeldmenge und Wachstum

Annahme: $BIP = u_w \cdot M_1^{BIP}$

und $M_1^{BIP} = m_1 \cdot M_0^{BIP}$

daraus folgt: $M_0^{BIP} = \frac{BIP}{u_w \cdot m_1}$

Steuerung von M_0^{BIP} über Ressourceneffizienz / Ressourcenverteilung bedeutet dann:

$$\Delta M_0^{BIP} < \frac{1 - \text{BIP–Footprint}}{u_w \cdot m_1} \cdot M_0^{BIP}$$

mit:

$$\text{BIP–Footprint} = \begin{cases} \dfrac{CO_2\text{–Gesamtemission}}{CO_2\text{–Biocapacity}} & \text{in "Balance"} \\ \dfrac{CO_2\text{–Gesamtemission}}{CO_2\text{–Cap}} & \text{im "Übergang"} \end{cases}$$

oder alternativ

$$\text{BIP–Footprint} = \begin{cases} \dfrac{\text{Flächenbedarf}}{\text{Biocapacity}} & \text{in "Balance"} \\ \dfrac{\text{Flächenbedarf}}{\text{Biocapacity + Capacity–Equivalents}} & \text{im "Übergang"} \end{cases}$$

Die Bezugsgröße ist dann nicht die „nachhaltig“ nutzbare gesamte Bio-Kapazität des Planeten, d. h. die Menge an CO_2 und anderen Treibhausgasen, die pro Jahr auch wieder gebunden werden können, sondern es ist die verabredete Zielgröße der Treibhausgas-Emissionen in dem jeweiligen Jahr. Bei einer Überschreitung dieser verabredeten Limits muss, sofern nicht technologische Innovationen eine verbesserte Ressourceneffizienz bewirken, das weltweite Bruttoinlandsprodukt reduziert werden und hierzu auch die Geldmenge reduziert werden. Die entsprechende Formel ist im Kasten als Einstiegspunkt für eine Verabredung mit den entsprechenden Verhandlungsnotwendigkeiten dargestellt. Über ein anschließendes Monitoring der tatsächlichen Auswirkungen auf die Wertschöpfung und die Vermögens- / Schuldensituation ist die Zentralbankgeldmenge (global und währungsraumspezifisch) dann weiter (fein) zu steuern.

Die weitere Nutzung von M_0 ist als Liquiditätsreserve zu sehen und betrifft sowohl den Abwicklungsteil im Finanzmarkt, als auch den Sachvermögensmarkt im Sinne einer gezielten Kassenhaltung. Aus diesem Grund wird hier der Ansatz verfolgt, das Gesamtvolumen der Zentralbankgeldmenge als Liquiditätsreserve prozentual vom Gesamtvolumen des Finanzmarktes abhängig zu machen. Dies deckt sich mit dem Ansatz zur Steuerung der multiplikativen Geldschöpfung, d. h. die Steuergröße ist hierbei zum einen das Gesamtvolumen, das in Hinblick auf eine balancierte Ökonomie ein konstanter Faktor in Bezug auf das gesamte Bruttoinlandsprodukt der Welt sein sollte, sowie zum anderen eine festgelegte Quote für die Liquiditätsreserve der weltweiten Ökonomie. Dies ist so zu interpretieren, dass das Gesamtvolumen an Geldschulden nicht mehr als ein wohl definiertes Vielfaches (z. B. 30) an Zentralbankgeld, als gesetzlichem Zahlungsmittel zur Tilgung solcher Geldschulden, sein sollte. Wie die als Subprime Krise titulierte Liquiditätsengpass-Situation im Weltfinanzsystem 2007 / 2008 gezeigt hat, ist das Maß an Liquiditätsnotwendigkeit hinsichtlich Zentralbankgeld stark abhängig vom gegenseitigen Vertrauen der Emittenten und Halter von Geld / Geldsurrogaten. Hierfür ist grundsätzlich zu überlegen, in welchem Maße die öffentliche Seite bereit sein sollte, Vertrauenskrisen letztendlich durch die Übernahme gewisser Risiken abzudecken. Beispielsweise könnte dies erfolgen über spezielle Schuldverschreibungen mit einer Verzinsung, die unterhalb des Marktniveaus, unterhalb der Inflation und selbstverständlich auch unterhalb der risikogewichteten Verzinsung der übernommenen Risiken liegen müsste. Ein Ansatz hierfür ist in Kapitel V.1.3.2 (Begrenzung der Kassenhaltung - Maximalreserve) beschrieben.

Die so verabredete bzw. über dieses Maß gesteuerte M_0 Geldmenge auf globaler Basis ist dann gemäß festzulegender Quoten auf die Währungsräume zu verteilen. Der Ansatz hierbei ist, dass diejenigen Ökonomien, die über eine höhere Ressourceneffizienz bei der Produktion von Waren und Dienstleistungen verfügen, auch einen größeren Anteil an der Zentralbankgeldmenge als Liquidität für das Wertschöpfungssegment zugeteilt bekommen. D. h. je höher die Ressourceneffizienz, desto größer der M_0 Anteil und damit die Möglichkeit, ein größeres Bruttoinlandsprodukt zu generieren gegenüber anderen Ökonomien bei dem gleichen Ressourceneinsatz.

Währungsraumspezifische Zuteilungsquoten

Die jeweils währungsraumspezifische / nationale Ressourcen-Effizienz (re) berechnet sich gemäß:

Ressourceneffizienz

$$re_{nat} = \frac{BIP_{nat}}{CO_2 - Emission_{nat}}$$

alternativ:

$$re_{nat} = \frac{BIP_{nat}}{eco - Footprint_{nat} \cdot population_{nat}}$$

dann ergibt sich die Zuteilungsquote aus:

$$q_{nat} = \frac{re_{nat}}{\sum_{i=1}^{n} re_i}$$

In der derzeitigen Situation der ungleichen Ressourceneffizienz, gerade der schlechteren Ressourceneffizienz bei den ökonomisch schwächeren und schwächsten Staaten gegenüber der Ressourceneffizienz in den ökonomisch starken Staaten, bedeutet dies zunächst einmal eine Begrenzung der Möglichkeiten der schwachen Staaten, ein höheres Bruttoinlandsprodukt zu produzieren. Hierbei ist aber zu sehen, dass der Anpassungsprozess gleichzeitig über andere Mechanismen in Angriff genommen werden soll, d. h. insbesondere über den Mechanismus Co-Finanzierung von Standards. Dies hat dann zur Folge, dass gerade in den schwachen Ländern signifikant in neueste Technologien investiert wird, so dass kurzfristig auch eine signifikante Verbesserung der Ressourceneffizienz in diesen Ländern erfolgen wird. Damit verbunden ist dann auch in Folge das Potential, Bruttoinlandsprodukt zu generieren. Im Übrigen erfolgt ein Ausgleich bezüglich der Partizipation an Wertschöpfung und Wohlstand über das Prinzip der gleichen Zugriffsrechte auf knappe Ressourcen und deren Handel.

Hier ist zu bemerken, dass die Quotenzuordnung hinsichtlich Zentralbankgeld letztlich unabhängig davon ist, welche Ressourcennutzung unter Fairnessgesichtspunkten (climate justice) einem Währungsraum zustehen würde, sondern nur abhängig davon, welche Ressourcen tatsächlich zur Produktion des Bruttoinlandsproduktes genutzt wurden. D. h. die Allokation von Ressourcen, insbesondere den Common Goods, muss über andere Regularien und Verabredungen erfolgen. Hier wird davon ausgegangen, dass die entsprechenden Verabredungen beispielsweise im Rahmen der Folgeverhandlungen des Kyoto Abkommens getroffen werden können, beispielsweise über ein Cap and Trade System mit flexiblem Übergang [25]. Die „schwächeren" Ökonomien haben dadurch die Möglichkeit „Common Goods" zu verkaufen und darüber entweder Konsum zu finanzieren oder in eine Verbesserung der Ressourceneffizienz zu investieren.

Eingefordert und wirksam durchgesetzt werden könnte die Einhaltung von Ressourcengrenzen über die WTO, sofern die Einhaltung solcher „Umweltstandards“ (und in Ergänzung dazu auch beispielsweise Sozial-Standards, wie sie im Rahmen der ILO verabredet sind) als „Verfahrensstandards“ für verpflichtend erklärt werden.

Nun ist bei vorliegenden mehreren Währungsräumen und flexiblen Wechselkursen noch das währungsspezifische Volumen aus der bestimmten Quote abzuleiten. Hierzu könnte das gesamte Bruttoinlandsprodukt - sowohl der Welt, als auch der einzelnen Nationen - bewertet werden in Sonderziehungsrechte (SZR, eine Rechengröße im internationalen Währungsfonds). Die Sonderziehungsrechte würden dabei also vom Prinzip her als eine währungsunabhängige Bemessungseinheit genutzt werden, die für alle Währungsräume zu Grunde gelegt wird. Entsprechend wäre dann der zugeteilte Anteil an M_0 über das Wechselverhältnis der jeweils nationalen Währung zu den Sonderziehungsrechten zu kalkulieren.

V.1.2 Steuerung der multiplikativen Geldschöpfung

Die Geldsysteme der unterschiedlichen Währungsräume sind durchweg kreditgeldbasiert. Das bedeutet, die Neuschöpfung von Geld bzw. besser gesagt die Neuschöpfung von verbrieften Zentralbankgeldansprüchen stellt immer einen Kredit der emittierenden Seite dar, den sie bei dem Aufkäufer des verbrieften Geldanspruches gewährt bekommt. Der „Brief“ stellt bei dem Aufkäufer insofern (Finanz-)Vermögen dar. Je nach Handelsabwicklung können auch solche verbrieften Geldansprüche akzeptierte Zahlungsmittel für die Abwicklung von Geschäften sein. Insofern können auch die auf der Grundlage von Zentralbankgeld emittierten verbrieften Geldforderungen Einfluss auf die Inflation bzw. das Volumen an möglichem Bruttoinlandsprodukt nehmen. Gerade auch weil Geldansprüche gegen Realwerte handelbar sind, stellen sie darüber hinaus potentielle Inflationstreiber für den Sachvermögensmarkt dar. Da verbriefte Geldansprüche für deren Eigentümer Vermögenswerte darstellen und mit Vermögenswerten üblicherweise Renditeerwartungen verbunden sind, ist das Gesamtvolumen dieser Finanzvermögen auch ein treibender Faktor für den Anteil am Gesamteinkommen, der über den Besitz von Finanzvermögen erwirtschaftet wird. In einer balancierten Ökonomie sollte dieser Anteil vergleichsweise konstant bleiben, auch weil hieraus ein Wachstumsdruck auf die Wertschöpfung resultiert. Die multiplikative Geldschöpfung kann hierauf steuernd einwirken. Dabei ist insbesondere auch noch zu sehen, dass die Möglichkeiten der Kreditvergabe bei geeigneten Rendite- / Inflationssituationen ausgenutzt werden können für gehebelte Investitionen, so dass auch dieser Hebeleffekt möglichst zu steuern ist. Denn insbesondere in gehebelten Investitionen steckt ein Risikopotential, das in der unter dem Stichwort „Subprime Krise“ bekannt gewordenen Liquiditätskrise transparent geworden ist. Es ist insofern entscheidend, dass auch der Faktor zwischen Zentralbankgeld und insgesamt emittierter Menge an Geldansprüchen „beherrschbar“ bleibt in dem Sinne, dass bei ausbleibender Bereitschaft einer Kreditgewährung der Akteure untereinander die Rolle der Zentralbank, gegebenenfalls auch der öffentlichen Seite, als „lender of last resort" nicht überstrapaziert wird. Empirisch kann man hier festhalten, dass ein Faktor, der größer als 50 ist, zu erheblichen Verwerfungen in der Weltökonomie führen kann (2007 / 2008), insbesondere dann, wenn der Anteil des Einkommens aus Finanzvermögen am Gesamteinkommen sehr hoch ist. Dies ist dann der Fall, wenn die „verbrieften Geldansprüche" ein Vielfaches der gesamten Wertschöpfung in einer Ökonomie sind, die Wertschöpfung insofern also besonders stark kreditfinanziert ist. 2007 / 2008 war die Relation BIP / Finanzvermögen = 1 / 4. Im Jahre 1970 lag der Faktor Zentralbankgeld / Finanzvermögen in etwa bei 1 / 30; Das Verhältnis BIP / Finanzvermögen war damals 1 / 1,4.

Zu beachten ist, dass das Gesamtvolumen der Geldschöpfung betrachtet werden muss. D. h. die Transparenz hinsichtlich Geldschöpfung muss über den Sektor der Kreditinstitute und noch über den Sektor der Finanzinstitute hinausgehen (also insbesondere auch alle Unternehmen und öffentlichen Hände umfassen), um so letztendlich die globale Gesamtbilanz der ökonomischen Aktivität abzubilden.

Schließlich muss man noch von der jetzigen Situation des Geldsystems einen Weg zur Balance finden und ein auch möglichst kurzfristig wirksames Mittel zur Steuerung der Gesamtmenge an Geldansprüchen, das auch einen Beitrag zum Abbau der öffentlichen Verschuldung leisten kann, etablieren.

Vor diesem Hintergrund werden zur Steuerung der multiplen Geldschöpfung zum einen **Liquiditäts- und Solvabilitätsrichtlinien** und deren entsprechende Meldung und Überwachung **für alle steuerpflichtigen Subjekte** und zum anderen eine **Abgabe auf jedwede Form einer Kreditgewährung** und dabei nicht nur Kreditgewährung bezüglich Geld, sondern auch bezüglich Sachwerten, Dienstleistungen, verbrieften Ansprüchen etc. konzeptionell als Elemente gewählt.

V.1.2.1 „IAS / IFRS II" in Ergänzung zu Basel II / Solvency II

Eine Begrenzung der multiplen Geldschöpfung besteht in der Festlegung (und Forderung) eines Mindestquotienten aus kurzfristig liquidierbaren Aktiva in Relation zu kurzfristig fälligen Passiva in den Bilanzen aller Wirtschaftssubjekte. Dies stellt eine Mindestreserve an liquiden Mitteln dar, gegenüber zumindest potentiell fällig werdenden Forderungen, für die eine entsprechende Liquidität dann benötigt würde, wenn die Forderung nicht „verlängert" wird / werden kann. Die zweite Forderung betrifft die Quote aus haftendem Eigenkapital eines Wirtschaftssubjektes in Relation zur Summe aller (risiko-)gewichteten Aktiva, wobei sich die Gewichtung im Wesentlichen aus einer kalkulierten Ausfallwahrscheinlichkeit berechnet. Hier kommen natürlich die darüber hinausgehenden Kriterien zur Definition von Konkurssituationen hinzu, d. h. dass insbesondere auch keine Überschuldungssituation eintreten darf, bei der für einen zu langen Zeitraum die laufenden Ausgaben die laufenden Einnahmen übersteigen.

Vor dem Hintergrund, dass gerade auch mit der Verbriefung Risiken aus dem Finanzdienstleisterbereich „ausgelagert" werden konnten, besteht die logische Konsequenz darin, die entsprechenden Anforderungen an Liquidität und Solvabilität auf alle Steuersubjekte zu übertragen. Hier wäre ein Ansatz, u. a. die Aufnahme der entsprechenden Anforderungen in die internationalen Buchhaltungsstandards (IAS International Accounting Standards), mit den entsprechenden Anforderungen auch in den IFRS (International Financial Reporting Standards) die Risikokennziffern (im Wesentlichen Ausfallwahrscheinlichkeiten) von Aktivpositionen aufzunehmen. Gleiches gilt für evtl. parallel zu diesen Standards noch gültigen Buchhaltungsvorschriften, wie beispielsweise in Deutschland das HGB, d. h. der Buchhaltung gemäß Handelsgesetzbuch und in den USA die Bilanzierungsregeln gemäß US-GAAP.

Entsprechend sind dann diese Vorgaben auch in die jeweiligen Steuerbilanzen zu übertragen. Dies wäre eine vergleichsweise einfache Möglichkeit, auf der Basis dieser Meldungen gegenüber den Steuerbehörden dann auch gleich die im nächsten Kapitel ausgeführte Mehrgeldsteuer zu bestimmen und zu erheben.

Wichtig dabei ist die Festlegung von flexiblen Meldezeitpunkten, um so unerwünschte Umgehungen über gezielte zeitliche Limitierungen von Kreditlaufzeiten auszuschalten. Hierzu würde es sich ggf. anbieten, die Erhebung von Stichproben zuzulassen und hinsichtlich der Meldepflichten auch solche Positionen zu fordern, die innerhalb eines Steuerjahres auf- und wieder abgebaut werden (wie dies ja beispielsweise auch schon für die Kontrolle von Mindestreserven gilt). In Hinblick auf Kreditinstitute würde dies beispielsweise auch gewährte Daylight Overdrafts umfassen, also Kreditgeld, das nur während eines Geschäftstages geschöpft wird.

Eine weitere Kontrollmöglichkeit würde sich zumindest für „verbriefte" Positionen ergeben, wenn an die Verbriefung eine Informationspflicht gekoppelt wird. Für verbriefte und damit handelbare Finanzprodukte könnte eine Registrierungspflicht festgelegt werden. Ebenso kann diese Verpflichtung auch für nicht-handelbare, nicht-verbriefte Ansprüche eingefordert werden. Die Durchsetzung kann dabei so unterstützt werden, dass die Registrierung zum Emissionszeitpunkt gesetzliche Grundbedingung für eine gerichtlich einklagbare Erfüllungshaftung wird.

Es verbleibt dann noch das Problem der Organisation eines Standard Rating Ansatzes, da nicht davon ausgegangen werden kann, dass alle Steuersubjekte ein eigenes internes Rating aufbauen können. Hierzu wird es als notwendig erachtet, eine unabhängige Rating-Instanz, die im engen Schulterschluss mit der Finanzdienstleistungsaufsicht operiert, zu etablieren (vgl. hierzu Kap. V.1.3).

V.1.2.2 Eine Mehrgeldsteuer / Leverage Money Tax

Die hier zur Steuerung der multiplen Geldschöpfung und als Abgabekomponente zur Finanzierung des Wegs zur Balance vorgeschlagene Mehrgeldsteuer (engl. Leverage Money Tax) soll alle gewährten bzw. aufgenommenen Kredite umfassen. Eine Intention dabei ist es u. a. auch, Unfairness im Markt, die aus der unterschiedlichen ökonomischen Leistungsfähigkeit von Akteuren resultiert und dabei die Stärkeren gegenüber den Schwächeren bevorteilt, mit auszugleichen bzw. abzuschwächen. Das Ziel, was dabei so mit verfolgt wird, ist die Erreichung gleicher, fairer Konkurrenzbedingungen. Die Abgabe soll daher dem Grundsatz der Steuergerechtigkeit und Fairness folgend gemäß dem Prinzip „Beitragshöhe in Abhängigkeit der ökonomischen Leistungsfähigkeit“ konzipiert sein. D. h. Steuersubjekte mit hoher ökonomischer Leistungsfähigkeit sollen eine höhere Abgabenquote auf von ihnen aufgenommene Kredite (von ihnen erzeugtes „Mehrgeld“) leisten als solche Steuersubjekte, die ökonomisch schwächer sind. Dies sollte sich dementsprechend auch in dem Rating von Unternehmen bzw. dem Rating von verbrieften Geldansprüchen (verbriefte Kredite) widerspiegeln. Ein Standardansatz für das entsprechende Rating, das ja dann auch für die Bewertung auf der Aktivseite beim Halten solcher Verbindlichkeiten als Forderungen angewendet wird, muss dem Rechnung tragen.

Als eine Möglichkeit der Erhebung der Mehrgeldsteuer bietet sich die Steuerbilanz an. Das Steuersubjekt hat je nach Rating-Bewertung eine entsprechende Abgabe auf das Gesamtvolumen der Passivseite seiner Steuerbilanz als Mehrgeldsteuer zu entrichten. Dabei wäre zu berücksichtigen, dass gegenüber der Steuerbilanz (am Stichtag) in dem zeitlichen Verlauf einer Steuerperiode gegebenenfalls gegebene Verlängerungen der Bilanz zu berücksichtigen sind. D. h. in einer detaillierteren Ausprägung würden auch all diejenigen aufgenommenen Kredite abgabewirksam, die nicht bis zum Stichtag der Steuerbilanzierung als Verbindlichkeiten bestehen (sondern nur innerhalb einer Steuerperiode).

Diese nur temporär geschöpften Gelder können ein signifikantes Volumen ausmachen. Es handelt sich hier beispielsweise um Terminkontrakte, u. a. an Warenterminbörsen, RePo-Geschäfte und anderes. Es ist insofern noch im Detail zu klären, an welchen Stellen die so kreierten Geldvolumina meldepflichtig zu machen sind. Grundsätzlich bieten sich hierfür die Handelsabwicklungsplattformen an, da mittlerweile die meisten Geschäfte über Informations- und Kommunikationstechnologien abgewickelt werden. Um Ausweichmöglichkeiten für OTC-Geschäfte ohne Einbezug von Informations- und Kommunikationstechnologien zu unterbinden, wären ggf. gesetzliche Regelungen notwendig, die beispielsweise eine gerichtliche Einklagbarkeit von Ansprüchen an deren Meldung bei Vertragsabschluss festschreiben.

Die Steuerehrlichkeit kann diesbezüglich noch unterstützt werden durch Stichproben im Bereich der verbrieften Sicherheiten, aber auch noch über Meldepflichten von Handelsabwicklungsplattformen bzw. bei den so genannten Custody Services bzw. Repositories, in denen verbriefte Sicherheiten verwaltet werden. Vergleichbar der Stamp Tax für Aktien im Handel am Finanzplatz London würden hier also Meldungen generiert, wenn immer Neu-Emissionen verbriefter Sicherheiten stattfinden (Schöpfung von Geld / Mehrgeld), und in Abhängigkeit der Laufzeit würde die Abgabe fällig.

Über die Handelsabwicklungsplattformen, Custody Services oder Repositories könnte die Mehrgeldsteuer auch alternativ zur Festlegung durch die Steuerbehörden erhoben werden, insbesondere sofern man sich bei der Abgabe auf handelbare verbriefte Sicherheiten beschränken will.

Von genereller Bedeutung ist die Frage der nationalen Abgabenzuordnung. Hier stellt sich als Alternative 1 das Währungslandprinzip und als Alternative 2 das Emissionslandprinzip dar. Währungslandprinzip würde bedeuten, dass die Abgabe demjenigen Währungsraum zufällt, auf dessen Währung ein Kredit lautet. Für diese Variante spricht eine Vergrößerung des auf die jeweilige Währung lautenden Gesamtfinanzvolumens, jedoch ist dieses Finanzvolumen erst dann in einem Währungsraum „aktiv", wenn der verbriefte Geldanspruch auch als Aktiva in dem jeweiligen Währungsraum verfügbar wird. Bis dahin sind die entsprechend kreierten Geldansprüche in einem anderen Währungsraum als Fremdwährung aktiv. Dann kann auch ein Problem gegeben sein, wenn vor dem Hintergrund nationaler Steuerzuständigkeiten keine übergeordnete Vereinbarung oder Koordination gefunden werden kann. So könnten z. B. auch unterschiedliche Abgabehöhen in den unterschiedlichen Währungsräumen festgelegt sein (z. B. in Abhängigkeit der in einem Währungsraum zu beobachtenden Inflationsneigung). Daher wird vorgeschlagen, das **Emissionslandprinzip für die Mehrgeldsteuer** als Grundlage zu wählen (also zu betrachten, in welchem Währungsraum das neue „Finanzprodukt" entsteht) und dann ähnlich der Mehrwertsteuer (Grenzausgleichsabgaben) zu verfahren. Damit ist gemeint, dass ein Geldanspruch, der in einem Währungsraum X geschöpft wird, der Mehrgeldsteuer dieses Währungsraums unterliegt, solange bis er in ein anderes Währungsgebiet transferiert wird. Es ist dabei klar, dass zur Umsetzung auch dieses Aspekts eine gewisse Form von Kapitalverkehrskontrolle notwendig ist. Dieses müsste aber auch im Interesse der verschiedenen Währungsräume sein, da damit ja auch entsprechende Einnahmen verbunden sind. Zudem bedeutet ja eine Erhöhung der Gesamtgeldmenge in einem Währungsraum ein potentielles Inflationsrisiko. Sofern dieses System umgesetzt wird, resultiert daraus auch automatisch ein Konzept zum Umgang mit Steueroasen, d. h. nationalen bzw. juristischen Einheiten, die sich dem homogenisierenden Rahmen für das Geldsystem nicht anschließen. Gelder, die in solchen „Oasen“ kreiert werden, unterliegen dann der Mehrgeldsteuer, sobald sie in einen Währungsraum transferiert werden. Dabei dürfen sie nur in dem Umfang „eingeführt“ werden, in dem ihre Emission gemeldet wurde.

V.1.3. Regulatorische Maßnahmen / Selbstverpflichtungen

V.1.3.1 Rating

Neben den Vorschlägen zur Regulierung von privaten Ratingagenturen und höchster Standards als Vorgaben wäre es auch angeraten, eine Ratinginstanz als Erweiterung der Finanzdienstleistungsaufsicht als öffentlichen Dienstleister zu etablieren. Die Finanzierung einer solchen Institution könnte über internationale Abgaben des Finanzsegments, wie beispielsweise die Mehrgeldsteuer, gewährleistet werden.

Es wäre dabei auch zu überlegen, einen Standard-Ratingansatz zu definieren, der ausschließlich auf der Basis der Liquiditäts- und Solvabilitätskriterien, ergänzt um das Kriterium der ökonomischen Leistungsfähigkeit, aufsetzt. Die ökonomische Leistungsfähigkeit würde dabei als Kennziffer von der Steuerbehörde geliefert, die z. B. den EBIT einer Körperschaft zum Durchschnittseinkommen einer Einzelperson in Beziehung setzt.

Eine wichtige Frage, die auch für die Solvabilität und Liquidität zu klären ist, ist die Bestimmung des Eigenkapitals, d. h. die Festlegung der Eigenkapitalbewertung. Hier wird der Vorschlag unterbreitet, Kennziffern für Ertragspotentiale in Abhängigkeit von Kapitaltypen zu entwickeln (Kapitaltypspezifische Returns on Equity - RoE), die sich auf der Grundlage statistischer Auswertungen von Steuerbilanzen berechnen ließen. Sinnvollerweise würde dies durch die für das Rating zuständige Institution durchgeführt, da eine entsprechende RoE-Kennziffer auch in das Gesamtrating einer Aktivposition (in dem Falle des Anteilbesitzes an Equity) einfließen könnte (oder zusätzlich auszuweisen wäre). Entsprechend würde das Rating von Aktivpositionen zum einen deren Liquiditätscharakter und zum anderen aber auch deren Eigenkapitalcharakter, also den Solvabilitätscharakter, umfassen. Der Liquiditätscharakter ist letztendlich abhängig von der Kaufkraft und der Nachfrage nach dem Besitz solcher Kapitalkomponenten. Der Solvabilitätscharakter würde dem Ertragspotential, unabhängig von der Nachfrage nach den Aktiva als Vermögenskomponente, Rechnung tragen. Insofern stellt dies auch eine Reflexion der beiden Dimensionen von Aktiva als „Bestandsgröße" und den Ertrag von Aktiva als „Flussgröße" dar.

V.1.3.2. Begrenzung der Kassenhaltung – Maximalreserve

Ein erkanntes Problem im Weltfinanzmarkt ist die Folgewirkung quasi sich selbst verstärkender Prozesse hinsichtlich der Kassenhaltung von Liquidität (insb. Zentralbankgeld) in gebündelter Form. So befindet sich die Weltökonomie seit etwa Mitte 2008 in einer Situation, in der bei nur wenigen institutionellen Anlegern, bzw. deren depotführende Banken, immense Volumina aller weltweiten Finanzaktiva unter Verwaltung stehen. Darüber hinaus sind diese institutionellen Anleger, bzw. deren depotführende Banken, die wichtigsten Anteilseigner aller Finanzinstitutionen. Diese Finanzinstitutionen ihrerseits verwalten wieder einen weiteren großen Teil weltweiter Finanzvermögen. In dieser Verflechtung bündelt sich das von den großen Akteuren selbst aktiv investierte Vermögen, das „aktiv gemanagte" Vermögen. Und darüber hinaus steht noch ein weiteres Volumen aller Finanzaktiva „under custody", d. h. wird als Sondervermögen von diesen Akteuren verwaltet. Ein Wechsel der Anlagestrategie bei nur wenigen dieser großen Akteure, z. B. mit der Zielsetzung einer erhöhten Kassenhaltung hinsichtlich Zentralbankgeld kann dabei dazu führen, dass die Zentralbankgeld-Liquidität aus dem Weltfinanzsystem an nur wenigen Stellen, bei wenigen Finanzinstituten, „geparkt" wird. Die Liquidität verschwindet dabei zwar nicht aus dem System, sondern sie wird quasi in-aktiv, ist für andere nicht mehr verfügbar (etwa für Kredite im Interbankenmarkt). Umgekehrt kann ein erneuter Strategiewechsel, z. B. in Form großvolumiger Käufe von Realwerten, wieder zu einer besonders hohen im Markt aktiven Zentralbankgeldliquidität führen.

Diesem Problembereich kann beispielsweise dadurch begegnet werden, den Zentralbankgeld haltenden Institutionen des Weltfinanzsystems neben einer Mindestreserve auch eine Maximalreserve vorzuschreiben. Da den Akteuren aber letztendlich hinsichtlich ihres Anlageverhaltens keine Präferenz für verbriefte Geldansprüche Dritter „befohlen", d. h. regulatorisch vorgeschrieben werden kann, ist dieser Ansatz gegebenenfalls so umzusetzen, dass z. B. durch die Zentralbanken für die „Überhang-Liquidität" einzelner Institute abgesicherte spezielle Schuldverschreibungen (mit Bürgschaft) anzubieten wären. Dies ist vom Prinzip her ähnlich zu sehen, wie die in der Weltfinanzmarktkrise gewählte Intervention über staatliche Bürgschaften für Bankkredite. Da bei staatlichen Bürgschaften allerdings die Allgemeinheit in eine Haftung kommt, wäre es im Rahmen einer internationalen Verabredung Ziel führender, allen Akteuren des Finanzmarktes eine Beteiligung an einem Liquiditätssicherungs-Fonds abzuverlangen. Ab einer verabredeten „Meldereserve" müsste eine darüber hinaus gehende Zentralbankgeldliquidität in Fondsanteile (von allen Teilnehmern des Finanzmarktes gemeinsam abgesicherte Schuldverschreibungen) gewandelt werden, gewissermaßen als eine besondere Form von „Einlagefazilität" des Finanzmarktes. Über den Fonds wäre man so in der Lage, bei einer „unbalancierten" Verteilung von Zentralbankgeldliquidität steuernd über die Gewährung dieser speziellen Kredite eines gemeinsamen Fonds einzugreifen. Dabei ist natürlich klar, dass Verzerrungen über individuelle Fazilitäten von Zentralbanken auszuschließen sind. So wären für alle Akteure die gleichen Randbedingungen gegeben und der Markt müsste selbst und insgesamt das „Hebel-Risiko" absichern. Der Umlauf der Zentralbankgeldliquidität wäre damit grundsätzlich gewährleistet.

V.1.3.3 Handelsabwicklungsplattformen

Die Drehscheibe für den Austausch verbriefter Sicherheiten und damit für die Realisierung des Geldcharakters von verbrieften Geldansprüchen (solange die Akzeptanz im System gewährleistet ist) stellen die Handelsabwicklungsplattformen dar, die so genannten Security Settlement Systeme. In diesem Bereich ist mittlerweile nahezu eine Monopolsituation entstanden, beherrscht von den Akteuren mit den größten Handelsvolumina. Diese Akteure haben so prinzipiell über nur wenige Datenbanken dieser Handelsabwicklungsplattformen und ihren eigenen Custody-Service-Datenbanken einen Zugang zu den gesamten Eigentumsstrukturen für Finanzaktiva. Diese Transparenz birgt die Gefahr einer Ausnutzung, um beispielsweise gezielt besondere vernetzte Eigentümerstrukturen zu planen und umzusetzen und so „Quasi-Monopole" über implizit gegebenes - aber nicht abgesprochenes - „Acting in concert" zu erreichen. Es wäre daher wichtig, diesen Zugriff auf Eigentumsstrukturen für die Akteure des Systems zu unterbinden. Auf der anderen Seite wäre ein Zugriff durch die Regulierungsstellen z. B. zur Überwachung gesetzlich vorgeschriebener Veröffentlichungspflichten hinsichtlich maßgeblicher Beteiligungen, sinnvoll. So wäre auf Seiten der Regulierung die Eigentümerstruktur transparent. Dafür wären geeignete regulatorische Maßnahmen erforderlich. Aktuell regulieren sich die Marktakteure bei der Handelsabwicklung selbst. In den USA ist hierfür die FINRA zuständig als Zusammenschluss aller Broker und Dealer, die als maßgebliche Instanz für die Organisation der Handelsabwicklungsplattformen auch selber als Eigentümer und Akteur im Weltmarkt operiert. Es wäre daher zu überlegen, die Handelsabwicklungsplattformen in eine öffentliche - und zwar internationale - Regulierung zu überführen.

Damit würden sich dann im Besonderen auch einfachere Ansatzpunkte ergeben, um die für das Geldsystem zuvor vorgeschlagenen Erweiterungen regulatorisch umzusetzen, insbesondere auch die Abgabe auf jegliche Form verbriefter Geldansprüche. Die Handelsabwicklungs-Depositories, d. h. die Datenbanken, in denen die verbrieften Sicherheiten, ihre Emittenten und ihre Eigentümer verwaltet werden, liefern eine Datenbasis, die es effizient und effektiv möglich machen würde, die Abgabe mit Zuordnung zu den Akteuren zu kalkulieren und abzugreifen. Auch die notwendigen Kapitalverkehrskontrollen könnten an dieser Stelle effektiv und effizient realisiert werden.

V.1.3.4 Barter-Geschäfte

In vielen Bereichen der Wirtschaft haben sich mittlerweile Handelsplattformen etabliert, so genannte Barter-Plattformen, die den direkten Tausch von Gütern und Dienstleistungen abwickeln, gegebenenfalls auch unter Nutzung eigenen Geldes (Regionalgeld, Bartergeld usw.). Da über solche Handelsabwicklungsplattformen und generell dem Barterhandel letztendlich geldlos (im engeren Sinne) ein Teil des Bruttoinlandsproduktes „abgewickelt" wird, muss dies bei der Festlegung der Zentralbankgeldmenge (vgl. hierzu V.1.1) Berücksichtigung finden. Entsprechend sollte das Gesamtvolumen des Barterhandels als Faktor in die Bestimmung der Zentralbankgeldmenge einfließen. Auch wäre Bartergeld als Mehrgeld zu behandeln, d. h. auch mit der Mehrgeldsteuer zu belegen.

V.1.3.5 Transparenz von RePo- und anderen „Quasi-Kredit"-Geschäften

Ein RePo (Sale and Repurchase Agreement) ist letztendlich ein Beispiel dafür, wie über die Ausgestaltung von OTC-Geschäften eine Kreditgewährung (verborgen) realisiert werden kann. Ein RePo ist ein Kauf und ein gleichzeitig verabredeter Terminverkauf. Der Terminverkauf stellt insofern eine Kreditgewährung dar, als er als Future Kontrakt anzusehen ist. Geld „fließt" bei Abschluss, geliefert wird später. Auch Leerverkäufe sind so als Kredite zu sehen. Entscheidend ist nun, Transparenz bei solchen vertraglichen Vereinbarungen herzustellen und den Kreditaspekt auch hinsichtlich einer Mehrgeldsteuer zu betrachten. Hier muss ggf. überlegt werden, ob dies über gesetzliche Modifikationen erreicht werden kann, beispielsweise durch die gesetzliche Festlegung, dass eine gerichtliche Einklagbarkeit von Forderungen aus Future Kontrakten eine Registrierung des Kontraktes bei Vertragsabschluss bedingt. Alternativ wäre die Ausweisung in der Buchhaltung zu fordern, also als Ergänzung von IAS / IFRS, HGB, US-GAAP usw.

V.1.3.6 Innovative Eigenkapitalinstrumente

In Hinblick auf das Steuersystem (Kap. V.2) ist es je nach Ausgestaltung der Besteuerung notwendig, innovativen Eigenkapitalinstrumenten nur dann den Eigenkapitalstatus zuzugestehen, wenn sie als Namensschuldverschreibungen ausgeführt sind. Nur so wäre eine Eigenkapitalbesteuerung bzw. eine Besteuerung von faktischem Eigenkapital, dem Prinzip der ökonomischen Leistungsfähigkeit entsprechend, möglich. Dadurch würden Steueroptimierende Hybrid-Strukturen verhindert, bei denen die Zinszahlungen als Aufwand Gewinn mindernd angerechnet werden, dieses so „preiswerte“ Kapital aber einem haftendem Eigenkapital (bei dem Dividendenzahlungen nach Steuern auszuzahlen sind) gleichgestellt wird.

Alternativ wäre detaillierter zu prüfen, ob bei einer Ausweitung der Liquiditäts- und Solvabilitätskriterien auf alle Steuersubjekte (vgl. hierzu Kap. V.1.2.1) eine Identifikation der Eigentümer bzw. der Gewährer von Kapital über diese innovativen Eigenkapitalinstrumente, auch anders möglich ist, z. B. wenn festgeschrieben wird, dass in Steuerbilanzen die gewährten innovativen Eigenkapitalinstrumente (im Aktivbestand) separat ausgewiesen werden müssen.

Ein weiterer Aspekt ist bei der Bewertung von Aktivpositionen mittels „fair value“ zu beachten. Diese Form der Bewertung ist in den internationalen Buchhaltungsstandards verankert und soll aktuell auch in andere nationale Rechnungslegungswerke, wie beispielsweise mit dem Bilanzmodernisierungsgesetz (BilMoG) in Deutschland, eingeführt werden. Eigenkapital, das sich aus Buchgewinnen bildet, stellt dem Prinzip nach einen noch nicht realisierten und somit nur erhofften Gewinn in der Zukunft dar. Es ist eigentlich nichts anderes als ein besonderer Kredit, bei dem man den Gläubiger noch gar nicht bestimmt hat. Dabei kann es auch sein, dass es diesen Gläubiger in der Zukunft niemals geben wird - daraus resultieren dann Buchverluste. Deshalb ist letztendlich auch nicht klar, wer im Zweifelsfall für ein solches Eigenkapital haftet. Dies ist die konkrete Situation in der Weltfinanzkrise 2008 / 2009, eine signifikante Unterkapitalisierung vieler Finanzinstitute und Unternehmen, die aus einem Absinken der „fair values“ resultiert.

V.1.3.7 Selbstverpflichtungen

Ergänzend zu den in Kap. III genannten Kriterien / Zielen, die die Effektivität des Weltfinanzsystems betreffen, sind Selbstverpflichtungen der handelnden Akteure, wie die „Principles of Conduct and Best Practices Recommendations" des Institute of International Finance vom Juli 2008 [12] die als Reaktion auf die Weltfinanzsystemturbulenzen im Jahre 2007 / 2008 ausgearbeitet worden sind - aber nicht ausreichen für eine konsistente Ordnung -, positiv zu sehen. Denn ein effektives und effizientes Risikomanagement (wie im Code of Conduct empfohlen) ist zwar genauso wenig wie andere Maßgaben einer vernünftigen Unternehmensführung Sache der Regulation, aber selbstverständlich wichtig. Hinsichtlich der Bewertung von Kreditrisiken und Emittenten wird es aber nicht als ausreichend erachtet, das Rating, zumindest nicht im Standard-Ratingansatz, nur über einen Code of Conduct durch die Akteure selbst zu regeln, wie es die Kreditrating-Agenturen im privatwirtschaftlichen Umfeld anstreben [2]. Hier wird vielmehr für eine öffentliche Instanz plädiert.

V.2 Steuersystem

Die erste Zielsetzung für das Steuersystem ist die Sicherstellung der Finanzierung der Basis für Wertschöpfung und Wohlstand. Eine weitere Zielsetzung, für die das Steuersystem die Operationalisierung darstellen soll, ist die Gewährleistung einer „balancierten" Partizipation an Wertschöpfung (Konsum) und Wohlstand (Vermögen). Die dritte Zielsetzung ist eine „ökosoziale" Herstellung des BIP, d. h. die Produktion von Waren und Dienstleistungen unter Beachtung der in der Gesellschaft als zwingend verabredeten Verfahrensstandards hinsichtlich der Einhaltung von ökologischen und sozialen Standards und Normen. Dies ist vor dem Hintergrund zu sehen, dass bislang in den institutionellen Rahmensystemen des Weltmarktes (insbesondere in der WTO) lediglich Qualitätsstandards und -normen als verbindlich verabredet sind, explizit aber Verfahrensstandards nicht Teil der WTO-Festlegung sind. Dies führt letztlich zur potentiellen (und tatsächlichen) Unterwanderung von Sozial- und Umweltstandards. Dies gilt selbst für schon global von vielen Staaten akzeptierte Standards, wie beispielsweise für die Sozialstandards der ILO (Internationale Arbeitsorganisation). Denn solche Standards sind zwar in Vertragswerken verabredet, bei Verstößen sind aber keine Sanktionensmöglichkeiten bzw. -maßnahmen vorgesehen. Im Gegensatz dazu schreiben die WTO-Regelungen zwar nur „Qualitätsstandards" vor, es sind aber auch „exekutive" Aspekte, wie Schiedsverfahren, Strafzölle und damit Sanktionensmechanismen in der WTO institutionalisiert. Insbesondere müssen „WTO-konforme" Produkte von allen Teilnehmerstaaten akzeptiert und mit im eigenen Staat produzierten Gütern gleichgestellt behandelt werden, selbst wenn im eigenen Staat weitaus höhere Sozial- und Umweltstandards bei der Produktion zu beachten und einzuhalten sind. Dies führt zu „komparativen Vorteilen" durch Nichtbeachtung von Öko- und Sozialstandards bzw. bei einer Produktion in Ländern mit niedrigeren Verfahrensansprüchen. Das Ziel muss daher die Verbindlichkeit von Verfahrensstandards sein, aber unter Beachtung unterschiedlicher „Niveaus" der Implementierung in den verschiedenen Ländern und einer schrittweise - cofinanzierten - Angleichung.

In der im Folgenden skizzierten Konzeption für eine Reform des Steuersystems sollen die in den Ländern dieser Erde unterschiedlichen Niveaus von ökologischen und sozialen Standards vor dem Hintergrund eines wünschenswerten und notwendigen Anpassungsprozesses über die Konsumbesteuerung (und Grenzausgleichsabgaben) ausbalanciert werden.

V.2.1 Abgabe auf Erträge / Einkommen (Unternehmens- und Einkommenssteuer)

Die erste Säule des vorgeschlagenen Steuersystems setzt auf der gesamten geleisteten Wertschöpfung einer Gesellschaft auf. Diese Wertschöpfung entsteht letztlich auf Grundlage einer über die öffentliche Hand bereitgestellten Basis, d. h. eines Gemeinwesens aus Bildungssystem, Gesundheitssystem, Sozialsystem, den Institutionen einer Demokratie, Infrastruktur für Kommunikation, Koordination und Kooperation etc. Die Basis reflektiert so auch das Niveau der Implementation der in einer Gesellschaft verabredeten Standards, Normen, Regeln etc. zur Inkorporierung in die Ökonomie. Die Finanzierung dieser Basis soll maßgeblich über eine Abgabe auf die gesamte Wertschöpfung sichergestellt werden. Dies bedeutet im weitesten Sinne ein „umlagefinanziertes Gemeinwesen". Bei der Zuordnung von Steuersubstrat soll insbesondere das „Herkunftslandprinzip", bei der Festlegung der Abgabehöhe das „Progressionsprinzip der (ökonomischen) Leistungsfähigkeit" berücksichtigt werden. Als Steuersubstrat sollen dabei die jeweils in einem Land realisierten „Mehrwerte" herangezogen werden, d. h. die unter Nutzung und aufsetzend auf der dort über die öffentliche Hand bereitgestellten und fortentwickelten Basis (dem Gemeinwesen) erwirtschaftet werden.

Das bedeutet, unabhängig von der Herkunft des für die Wertschöpfung eingebrachten Kapitals sind sämtliche Erträge, die von Steuersubjekten erwirtschaftet werden, die Steuerbemessungsgrundlage [8]. Für natürliche Personen ist dies genauso die Gesamtheit der Einkünfte abzüglich der Vorleistungen, wie für juristische Personen. Bei bilanzierenden Gesellschaften ist diese Steuerbemessungsbasis durch den EBIT (Earnings before interest and taxes) spezifiziert.

Dabei sind Buchgewinne / Buchverluste, gerade wenn sie aus einer „fair value" Bewertung resultieren, besonders zu behandeln. Einbrüche bei den „fair value" Bewertungen der Aktivseite führen teils zu vollständigem Verlust des Eigenkapitals. Es wäre daher zu überlegen, Eigenkapital, das sich aus Buchgewinnen bildet, separat auszuweisen, inklusive der Geschäftsausweitung (Aktiv-Positionen und gegebenenfalls korrespondierende Passiva), die über das dann größere Eigenkapital realisiert wird. Hieran wären beispielsweise weitaus strengere Richtlinien, d. h. höhere Anforderungen hinsichtlich der Eigenkapitalunterlegung von Risikoaktiva festzulegen. Steuerlich ist zu sehen, dass bei Buchgewinnen ja noch nicht klar ist, in welchem Land die dazu korrespondierende Wertschöpfung als Ertrag einmal erwirtschaftet wird. Zum Zeitpunkt der Ertragswirksamkeit kann diesem Gewinn keinerlei Wertschöpfung zugeordnet werden - es ist ein Buchgewinn. Aus diesem Grund sollten Buchgewinne grundsätzlich nicht als Erträge in der Steuerbemessungsgrundlage erfasst werden. Genauso dürfen dann aber auch Buchverluste nicht als ertragsmindernd in die Steuerbilanz eingebracht werden. Buchgewinne dürfen also den zu versteuernden Ertrag nicht erhöhen, Buchverluste dürfen entsprechend aber auch nicht den zu besteuernden Ertrag mindern.

Die Höhe der Abgabe auf die zu besteuernden Gesamterträge würde progressiv in Abhängigkeit der absoluten Ertragshöhe und von der Einkommensverteilung in einer Gesellschaft festgelegt sein.

Die Frage, ob ausgeschüttete Gewinne anschließend bei denen nach zu versteuern sind, an die ausgeschüttet wird, hängt davon ab, ob die Besteuerung von Körperschaften vom Satz her und von der Steuerbemessungsgrundlage anders ausgestaltet wird als bei natürlichen Personen (Personengesellschaften oder Einkünfte aus unselbstständiger Arbeit). In Hinblick auf eine faire und balancierte Besteuerung der gesamten Wertschöpfung, die auf einer jeweils nationalen Basis geleistet wird, sollten die Bemessungsgrundlage und die Steuersätze bei allen Steuersubjekten gleicher ökonomischer Leistungsfähigkeit - unabhängig von der jeweiligen Rechtsform - identisch sein, so dass keine Nachbesteuerung ausgeschütteter Gewinne auf individueller Basis bei den Beziehern solcher Einkünfte notwendig ist. Wichtig wäre nur, wenn einbehaltene Gewinne zunächst niedriger besteuert werden, diese bei einer Ausschüttung nachzubesteuern.

Bei einer solchen Ausgestaltung kommt es auch zu keiner Verzerrung in Hinblick auf Inlands- oder Auslandsengagement, da die

Höhe der Abgabe dort festgelegt wird, wo die Basis für die (zu versteuernde) Wertschöpfung bereitgestellt wird, unabhängig davon, von welchem Standort aus das notwendige finanzielle Kapital bereit gestellt wird (Eigenkapital und Fremdkapital).

V.2.2 Abgabe auf Vermögen

Die Besteuerung von Vermögen soll eine „faire" Verteilung auf lange Sicht ermöglichen, ohne individuelle Leistungsfähigkeiten einzuschränken. Die Besteuerung von Vermögen soll sich daher auf den Erbfall beschränken. Der Ansatz, der hier hinsichtlich einer Erbschaftsbesteuerung verfolgt wird, ist zum einen durch die Überlegung geprägt, dass die Ertragskraft einer Erbmasse letztlich in der Vergangenheit auch maßgeblich von dem Verstorbenen und damit seiner individuellen Leistung abhing und in der Zukunft durch die individuelle Leistungsfähigkeit der oder des Erben geprägt sein wird. Dem soll über einen gleitenden Übergang der Besteuerung Rechnung getragen werden. Zum anderen wird kumuliertes Vermögen so betrachtet, dass es sich hierbei - im Prinzip - um Erträge handelt, die nicht für Konsumzwecke, sondern für einen Vermögensaufbau genutzt wurden. Da diese Erträge somit nicht über eine Mehrwertsteuer einen Beitrag zur Finanzierung der Basis für Wertschöpfung und Wohlstand geleistet haben, andererseits aber Konsumverzicht als ein positiver Beitrag in Hinblick auf die Belastung des Ökosystems gesehen werden kann, bietet es sich an, die Abgabe in ihrer insgesamt zu leistenden Höhe an die Mehrwertsteuer anzulehnen und diesen Steuersatz - gegebenenfalls mit einem Abschlag - auf die

Erbmasse anzuwenden. Dabei ist eine Progression in Abhängigkeit der Gesamthöhe durchaus argumentierbar. Schließlich kann auch bei der Mehrwertsteuer, also der Besteuerung von Konsum, überlegt werden, die Höhe der Steuer von den für die jeweilige Ware oder Dienstleistung eingesetzten Umweltressourcen, in Verbindung mit den berücksichtigten Öko- und Sozialstandards, festzulegen. Dabei sollte die Annahme zu Grunde gelegt werden, dass ressourcenintensivere Produkte letztendlich „Luxusgüter“ sind, deren Erwerb eine entsprechende Kaufkraft erfordert, so dass man dem Prinzip der ökonomischen Leistungsfähigkeit folgend entsprechend bei solchen Produkten eine höhere Mehrwertsteuer ansetzen kann. Dementsprechend würde man dann auch die Erbschaftssteuer der Staffelung der Mehrwertsteuer entsprechend von der Gesamtbewertung der Erbschaftsmasse abhängig machen.

Um eine direkte Belastung der Erben in Hinblick auf einen möglichen Zwang zur (zumindest teilweisen) sofortigen Veräußerung der Erbmasse, auszuschließen, soll die Erbschaftssteuer über die damit in Zukunft erwirtschafteten Erträge beglichen werden. Hierzu kann im Erbfall für das verstorbene Steuersubjekt eine Erbbilanz erstellt werden, deren Eigentümerschaft auf die Erben und beispielsweise einen Staatsfonds (dessen nicht veräußerbarer Anteil sich aus der entsprechenden Besteuerungshöhe bemisst) übertragen werden. Für den Eigentumsanteil des Staatsfonds wäre dieser juristisch als eine Art „Genussschein“ auszugestalten, dessen Laufzeit über den Gesamtfluss der Steuerschuld bestimmt ist.

V.2.3 Abgabe auf Konsum

Ein Ziel, das über die Konsumbesteuerung mit erreicht werden soll, ist die Unterstützung des Weges zur „Balance“. Hierbei wird insbesondere der Aspekt der Einhaltung von Verfahrensstandards mit betrachtet. Das bedeutet, die Berücksichtigung ökologischer und sozialer Normen bzw. Standards soll eingefordert werden. Es soll dabei insbesondere auch der Aspekt der Ressourceneffizienz zum Tragen kommen.

D. h. über die Konsumbesteuerung soll mit darauf eingewirkt werden, dass bei Produkten (oder Dienstleistungen) mit gleicher Qualität bei höherer Ressourceneffizienz in der Herstellung (und damit geringerem Ressourceneinsatz) ein geringerer Beitrag abgefordert wird, um so die Herstellung weniger ressourcenintensiver Produkte zu motivieren. Das bedeutet dann auch die steuerliche Bevorzugung von Produkten (oder Dienstleistungen), die als Substitute für andere Produkte (ggf. aber mit anderer Qualität) bei gleicher Ressourcenintensität weniger Ressourcen pro Einheit verbrauchen. Des Weiteren sollen Produkte (oder Dienstleistungen), die unter Einhaltung von in einer jeweiligen Gesellschaft verabredeten Öko- und Sozialstandards (die in den Verfahren bei der Herstellung von Waren und Dienstleistungen gewährleistet sind) gegenüber den Produkten, bei denen dies nicht gilt, besser gestellt werden. So würden dann von der Qualität her gleiche Produkte, die aber unter Beachtung und Einhaltung niedrigerer Öko- und Sozialstandards hergestellt werden, mit einer höheren Konsumsteuer belegt.

Vom Prinzip her würde man von den jeweiligen, die Waren und Dienstleistungen produzierenden Steuersubjekte eine güter- bzw.

dienstleistungsspezifische Produktionsbilanz einfordern, bei der einer einzelnen Output-Einheit die dafür notwendigen Umwelt- und Personalressourcen zuzuordnen sind. Dabei ist aufzuführen, welche Öko- und Sozialstandards bei der Herstellung eingehalten wurden. Güterströme, die zwischen Nationen stattfinden, sind dann über Grenzausgleichsabgaben zu balancieren. Im Konkreten müsste ein Importeur bei importierten Waren und Dienstleistungen eine dafür kalkulierte Mehrwertsteuer im Verkauf ansetzen, könnte aber davon nur eine Vorsteuer abziehen, die in dem Importland bei Einhaltung der dort geltenden nationalen Öko- und Sozialstandards und anderer geforderter Verfahrensstandards fällig ist. Ein hinsichtlich der nationalen Öko-, Sozial- und Verfahrensstandards (im Importland) nicht konformes Produkt oder eine Dienstleistung, die importiert wird, verteuert sich insofern.

V.2.4 Nationale Handlungsempfehlungen

Das hier vorgestellte Konzept für eine konsistente Weltfinanzsystemordnung lässt den Nationen einen - gewünschten - Spielraum für gegenseitigen Wettbewerb. Dieser bezieht sich zum einen auf das Niveau des Gemeinwesens (Basis für Wertschöpfung) und zum anderen auf die Effizienz, auch der öffentlichen Institutionen, mit der das jeweilige Niveau dieser Basis für Wertschöpfung und Wohlstand bereitgestellt wird. Dabei können Nationen durchaus auch mit unterschiedlichem Niveau in Konkurrenz treten, je nach Einschätzung, wie eine jeweils national als optimal angesehene Wertschöpfung erreicht werden kann. Dies ist jeweils im Rahmen der nationalen gültigen Entscheidungsfindungsprozesse zu regeln. Daraus leiten sich dann die für das Niveau der Basis erforderlichen Finanzvolumina ab, d. h. die Einnahmeseite der öffentlichen Hände. Dies bestimmt die Gesamthöhe der notwendigen Einnahmen, die über die zuvor skizzierten Steuerkategorien zu realisieren sind. Es gibt dann insofern eine Konkurrenz über Steuer- und Abgabe**sätze**, nicht aber - wie aktuell - über Steuer- und Abgabe**systeme**. Daraus resultiert ein Wettbewerb hinsichtlich der Effizienz der öffentlichen Hände, der so zu einer optimalen Verwendung der Steuereinnahmen führt!

Vor dem Hintergrund eines Status Quo des Steuersystems kann man die gegebene Verteilung der Partizipation an Wertschöpfung (Einkommensverteilung) als Grundlage für die Bestimmung der Steuersätze nehmen, d. h. als initiale Gesamthöhe der Steuer kann die Summe aus öffentlichen Einnahmen und der Neuverschuldung gewählt werden. Die zusätzlichen Einnahmen aus einer Mehrgeldsteuer dienen dann in erster Linie der Rückführung des Verschuldungsniveaus der öffentlichen Hände und gegebenenfalls auch der Finanzierung notwendiger Transferzahlungen, die für eine Akzeptanz der internationalen Umsetzung erforderlich sind.

In Hinblick auf die Mehrwertsteuer wurde grob ein möglicher Ansatz für ein Diversifizierungsmodell mit Grenzausgleichsabgaben skizziert, um Verfahrensstandards, Öko- und Sozialstandards zu nivellieren bzw. hier auf eine Balance hinzuwirken. Eine Detaillierung und auch die Beantwortung der Frage, bei welcher Konkretisierung die WTO-Konformität sichergestellt ist, kann und soll im Rahmen des vorliegenden Textes nicht geleistet werden.

Hinsichtlich der Ertragsbesteuerung kann man sich an dem deutschen Niveau im Jahre 2003 orientieren und die Steuerhöhe so ausgestalten, dass sie ein Einkommensmuster nach Steuern (und Abgaben) realisiert, das einer Equity von 0,6 entspricht. Begründet wird dies mit der Einschätzung, dass diese Verteilung dem Verteilungsmuster eines „wohlhabenden" und „leistungsfähigen" Deutschlands entspricht.

Im Konkreten bietet sich dann eine mehrstufige Vorgehensweise zur Festlegung der daraus abzuleitenden Abgabenhöhe an (vgl. Kasten). In der ersten Stufe würden die Steuersubjekte nach ihrem EBIT geordnet und in Klassen aufgeteilt. Innerhalb jeder Klasse ergibt sich dann der Steuersatz in Abhängigkeit von der Höhe des EBIT so, dass die Verteilung des Ertrags nach Steuern dem gewünschten Equitiymuster genügt. Die Aufteilung der Steuerbeträge kann dann, unter Berücksichtigung einer aus dem gewünschten Verteilungsmuster der Erträge nach Steuern abgeleiteten Leistungsfähigkeitsprogression, zunächst in Summe auf die Gesamterträge der Klassen bezogen werden. D. h. zunächst wird festgelegt, welchen Anteil an den Gesamtsteuereinnahmen die jeweilige Leistungsfähigkeitskategorie beitragen muss. Innerhalb einer Kategorie ist der damit verbundene Prozentsatz dann auch Teil des individuellen Steuersatzes, der auf den Ertrag eines jeden Steuersubjektes der Klasse angewandt wird. Der andere Teil des Steuersatzes kann ein Verteilungsschlüssel sein, der sich nach dem Rating oder der Vermögenshöhe des Steuersubjekts bemisst.

Festlegung der Steuersätze (dynamisch)

Die Steuersätze könnten jährlich bzw. regelmäßig, abhängig von der ermittelten Ertragsverteilung über alle Steuersubjekte, festgelegt werden. Die Schritte hierzu sind:

1. Festlegung der Gesamt-Abgabequote auf den Gesamtertrag (z. B. 25 %), daraus resultiert die absolute Höhe des Steuervolumens.

2. Bestimmung der Ertragsverteilung über alle Steuersubjekte; Aufteilung z. B. in 10 %-Quantile, d. h. Bestimmung der Gesamterträge von jeweils 10 % der Steuersubjekte (die 10 % mit den höchsten Erträgen, die folgenden 10 % etc.).

3. Die Zielertragsfaktoren werden bestimmt über ein angestrebtes Verteilungsmuster (Equity). Für $\varepsilon = 0{,}6$ sind die Faktoren: 25,1 %, 13 %, 10,5 %, 9,15 %, 8,3 %, 7,6 %, 7,1 %, 6,75 %, 6,4 %, 6,1 % .

4. Die Abgabequote für jedes 10 %-Quantil ergibt sich dann aus dem Gesamtertrag und dem gemäß angestrebten Verteilungsmuster (Equity) resultierenden Zielertrag nach Steuern. Der Zielertrag berechnet sich aus dem

Produkt aus Gesamtertrag (1-Gesamtabgabequote) und dem Zielertragsfaktor des jeweiligen Quantils.

5. Bei einer gegebenenfalls zweiten Stufe würden die Abgabequoten innerhalb des Quantils noch gemäß Rating / Vermögen der Steuersubjekte variiert über einen Rating-Faktor. Der Rating-Faktor für Steuersubjekte mit Durchschnittsrating eines Quantils wäre 1, bei überdurchschnittlichem Rating größer und bei unterdurchschnittlichem Rating kleiner als 1.

V.3 Finanzierung von Ausgleichsprozessen / Abgaben auf globale Transaktionen

Das generelle Langfristziel einer „Welt in Balance" ist ein Verteilungsmuster hinsichtlich der Partizipation an Wohlstand und Wertschöpfung, das sich an dem orientiert, was - empirisch betrachtet - zu maximalen Wohlstand geführt hat. D. h. das weltweit gegebene Verteilungsmuster mit einer Equity von 0,125 [15] muss dafür signifikant verbessert werden. Hierfür muss das zukünftige ökonomische, dabei aber ökologisch verträglich gesicherte Wachstum „ungleich" und zwar zu Gunsten des ärmeren „Südens" verteilt werden. Der dazu verfolgte Ansatz besteht darin, die Implementierung der Basis für Wohlstand und Wertschöpfung über eine signifikante Co-Finanzierung zu gewährleisten. Hinsichtlich der zu finanzierenden Basis ist insbesondere die Implementation aller notwendigen, auch institutionellen Rahmenbedingungen für die Umsetzung, Einhaltung und Überwachung der ökologischen, ökonomischen und sozialen Standards zu leisten, also beispielsweise Schulen, Krankenhäuser, Infrastruktur, Institutionen der Demokratie, Rechtssysteme und anderes mehr.

Hierbei soll auf die positiven Erfahrungen des Harmonisierungsprozesses innerhalb der Europäischen Union zurückgegriffen werden. In der Europäischen Union erfolgt eine Co-Finanzierung über so genannte Strukturfonds zur Implementation alle notwendigen Maßnahmen und institutionellen Randbedingungen zur Umsetzung des Europäischen Gemeinschaftsrechts – dem Acquis Communautaire. Nettozahler sind dabei die leistungsfähigen Europäischen Länder, Nettoempfänger die schwächeren Länder. Des weiteren sollen auch die Erkenntnisse aufgegriffen werden, dass die Implementation der Standards vom jeweiligen Status und den Schwerpunktbedürfnissen der Länder selbst getrieben werden sollte. Es geht hier also nicht darum, den „European Way of Life" über die Welt zu streuen, sondern – ganz dem Subsidiaritätsprinzip folgend – die Art und Weise der Implementation der Standards als der Basis für Wohlstand und Wertschöpfung weitgehend den jeweiligen Ländern zu überlassen. Positive Erfahrungen gibt es bei einer Einbeziehung von zivil-gesellschaftlichen Organisationen mit ihrem jeweiligen sehr spezifischen Engagement in den einzelnen Ländern, gerade auch zur Eindämmung von Korruption und Missverwendung von Mitteln [5].

Die Aspekte Konkretisierung der Verwaltung der Mittel und ihre Vergabe, beispielsweise im Rahmen von Ausschreibungen, sollen hier nicht weiter diskutiert werden. Hier soll konkretisiert werden, über welche Abgabesysteme ein weltweiter Struktur- und Adaptions-Fonds gefüllt werden kann, folgend dem Prinzip der Steuerfairness unter Berücksichtigung der ökonomischen Leistungsfähigkeit. Hierbei wird, wo möglich, auch der Ansatz verfolgt, gerade solche Abgabekomponenten einzubeziehen, die dämpfend auf spekulative Geschäfte wirken können. Zum anderen werden Abgabekomponenten betrachtet, die positive Effekte in Hinblick auf eine optimierte Nutzung knapper Ressourcen (Umweltkapital) haben. Es sollen dabei globale Transaktionen besteuert und damit gerade den Akteuren ein Beitrag abgefordert werden, die von den bislang gegebenen Disharmonien der Steuer- und Abgabensysteme weltweit signifikant profitiert haben und nicht zuletzt so zu den global leistungsfähigsten Akteuren geworden sind. Denn ein Abgreifen zusätzlicher Mittel bei den ohnehin unter Druck stehenden nationalen Budgets ist ohne eine Erhöhung der Einnahmenseite nicht denkbar, insbesondere da die Schuldensituation der weltweiten öffentlichen Hände schon einen zu hohen Stand erreicht hat [20].

Die so verfügbar werdenden Mittel zur Co-Finanzierung sind entscheidend für ein Gelingen des in Kapitel II skizzierten „7 Punkte Plan“ als „global contract“, den „Deal“ für ein globales Weltwirtschaftswunder und zur Realisierung der wesentlichsten Teile einer Ökosozialen Ordnung für den globalisierten Markt.

V.3.1 Handel von Gütern und Dienstleistungen (Terra-Tax)

Die Idee der von Hushmand Sabeth entwickelten Abgabe auf Welthandel besteht im Kern darin, halbfertige Erzeugnisse, die global zwischen Staaten ausgetauscht bzw. gehandelt werden, mit einer Abgabe zu belegen. Der Grundgedanke ist dabei, dass vielfach die Zwischenhändler, gerade im reichen Norden, einen signifikanten Teil vom Konsumentenendpreis für sich abgreifen, während, gerade beispielsweise bei Agrargütern wie Kaffee, Weizen, Mais, Reis usw., der ärmere Süden nur einen Bruchteil des Endpreises für deren Herstellung bekommt. D. h. innerhalb einer Produktionskette und der daran nach geschalteten Vertriebskette bestimmt sich der Gesamtpreis maßgeblich über die Sozialstandards (und damit das Einkommensniveau) des reichen Nordens. Entsprechend gering ist der Anteil, der auf die Produktionskette im ärmeren Süden entfällt. Die Terra-Abgabe soll hier einen Ausgleich schaffen. Sie ist insofern ergänzend zur Mehrwertsteuer zu sehen, die in einer vergleichsweise balancierten Welt als ausreichend erachtet wird (vgl. hierzu Kap. V.2.3). Besteuert wird bei der Terra-Tax sämtlicher Handel von Gütern und Dienstleistungen zwischen den Staaten dieser Erde, also gerade auch Vorleistungen.

Natürlich stellt sich dabei die Frage, ob eine solche Abgabe nicht dazu führen wird, dass die Preise, d. h. die Nettopreise für die Ausgangsstoffe in einer Produktions- und Vertriebskette letztendlich sinken, da hier dann noch die Handelsabgabe hinzukommt. Dies mag prinzipiell durchaus so sein. Die Öffnung der Märkte hat aber in vielen Bereichen zu Auslandsinvestments in den ärmeren Ländern geführt oder auch die Entstehung großer Exporteure bewirkt, die einer inländischen Elite gehören. D. h. die Terra-Abgabe würde ganz wesentlich auch bei den ökonomisch Leistungsfähigsten ansetzen. Die Mittel - sofern sie dann in einen weltweiten Strukturfonds einfließen - kommen dann dem armen Land bzw. den ärmeren Ländern für die Implementation von Standards, darunter beispielsweise die Sozialstandards, zu Gute, so dass in einem längeren Prozess sich auch die Einkommen verbessern werden bei unselbstständiger Arbeit. So kommt es dann zu einer Angleichung der Lohnniveaus über eine Angleichung der Sozial- und ökologischen Standards.

Zum anderen ist zu erwarten, dass eine Terra-Tax zur Förderung einer wieder auch auf den regionalen Markt ausgerichteten Produktion führt. So würde den Exzessen der Vergangenheit, bei denen maßgeblich nur für Export produziert wurde und dabei die Produktion für die Binnennachfrage entsprechend eingebrochen ist, entgegengewirkt werden. Eine Terra-Abgabe würde die Regionalisierung der Produktion, d. h. insgesamt der Ökonomie, unterstützen ohne den unter arbeitsteiligen Gesichtspunkten sinnvoll globalisierten vernetzten ökonomischen Prozess zu behindern.

Bei einem Gesamtvolumen importierter Waren und Dienstleistungen von ca. 20 Billionen $ (im Jahr 2008) würde schon eine sehr geringe Abgabe von 0,1 % einen Beitrag von 200 Mrd. $ für einen weltweiten Strukturfonds zur Co-Finanzierung der Implementation von Standards liefern.

V.3.2 Handel mit Finanzprodukten

Ein weiterer Ansatz für eine Abgabe, insbesondere zur Reduktion finanztechnischer Spekulationen, ist die so genannte „Tobin Tax". Sie wurde in Diskussion gebracht von dem früheren Wirtschafts-Nobel-Preisträger Tobin, der eine Abgabe auf alle Devisen-Transaktionen, d. h. den Kauf und Verkauf von Währungen, vorgeschlagen hat. In einer modernisierten erweiterten Fassung würde man diese Abgabe auf jegliche Formen von Finanzumsätzen erheben. Sie wäre so eine Transaktionssteuer auf alle Finanzprodukte. Wichtig ist hier die Abgrenzung zur in Kap. V.1.2.2 vorgeschlagenen „Mehrgeldsteuer", also einer Mehrwertsteuer auf Finanzprodukte. Eine Mehrwertsteuer bezieht sich ja nicht auf sämtliche Transaktionen, d. h. Verkäufe, eines Produktes, sondern die Mehrwertsteuer wird nur einmal erhoben und zwar wenn das Produkt von einem Endkunden gekauft wird. Wenn dieses Produkt dann weiter verkauft wird, fällt keine Mehrwertsteuer mehr an. Dies wäre bei der Mehrgeldsteuer auch so der Fall. Eine Finanzumsatzsteuer, besser gesagt eine Security Transaction Tax (als erweiterte Tobin-Tax) wäre also eher vergleichbar mit der Terra Tax bei Gütern, bei der unabhängig davon, ob ein Produkt an einen Endkunden verkauft wird, eine Abgabe erhoben wird. Es ist eine Abgabe auf jedweden Handel, eine Transaktionssteuer. Entsprechend wäre die Security Transaction Tax eine Abgabe auf jedweden Handel mit Finanzprodukten. Die Mehrwertsteuer auf Finanzprodukte - eine Mehrgeldsteuer - fällt demgegenüber nur einmalig für jedes Finanzprodukt (bzw. für eine Finanzdienstleistung) an.

Weltweit ist das Handelsvolumen von Finanzprodukten mittlerweile ca. 3 Billiarden $. Dies zeigt auf, dass eine Transaktionssteuer, selbst wenn sie nur 1/100 % hoch wäre, bei gleichbleibendem Handelsvolumen schon einen Beitrag von 300 Mrd. $ erbringen würde. Da hierüber aber Transaktionen belastet werden, werden manche Handelsabwicklungen von Finanzprodukten nicht mehr lohnenswert sein, wodurch anzunehmen ist, dass sich das Handelsvolumen und so auch die Security Transaction Tax reduzieren wird [21].

V.3.3 Transport / Stoffströme

Zum Transport von Gütern, sowie insgesamt zur Realisierung von Transport und Logistik wird weltweit eine enorme Menge an Energie benötigt. Transport hat so einen negativen Effekt auf die Umwelt. Wenn man also will, dass Transport und insbesondere die Transportpreise auch die ökologische Wahrheit sagen, müssen die umweltrelevanten Einflüsse des Transportes über Abgaben in die Preise eingebunden werden. So wie auch national der Transport, beispielsweise über eine Kfz- und Treibstoff-Steuer oder Maut-Gebühren, mit Abgaben belegt ist. Im internationalen Transport fehlen solche Abgaben. Daher bietet es sich in besonderem Maße an, für den internationalen Transport auch eine Steuer, insbesondere auch eine Abgabe auf Flug- und Schiffstreibstoff, zu erheben, denn dadurch würden nicht nur die Transportkosten auch die ökologische Wahrheit zum Ausdruck bringen, sondern auch derzeitige Benachteiligungen im regionalen Transport gegenüber dem weltweiten Transport reduziert. Die daraus resultierenden Folgewirkungen in den Güter- und Dienstleistungspreisen würden bei einer entsprechenden Abgabe wieder ausbalanciert. Denn einige, derzeit auf dem Weltmarkt gehandelte, Produkte können nur deshalb günstiger auch in entfernten Regionen der Welt angeboten werden, weil Abgaben auf internationale Transporte fehlen, lokaler, regionaler und nationaler Transport aber besteuert wird.

V.3.4 Nutzung von „Common Goods"

Eine besondere Form der Abgabe, eine Steuer für die Verwendung von „Common Goods", würde die Knappheit von Ressourcen in die Preise inkorporieren. So wird beispielsweise im Rahmen der Kyoto-Folgeverhandlungen ein „Cap and Trade-System" diskutiert, bei dem für das Gesamtemissionsvolumen für Treibhausgase eine Obergrenze festlegt werden soll und anschließend die Emissionsrechte gehandelt werden. Daraus ergibt sich ein Preis für das Recht, die Allmende „Klima" zu nutzen (Treibhausgase zu emittieren). So wie dies im Bereich des Klimas aktuell diskutiert wird und beispielsweise in Europa auch schon umgesetzt ist, könnte für alle weiteren kritischen Ressourcen, d. h. kritischen Gemeingüter, ein entsprechender Cap and Trade-Ansatz (mit gleichen Pro Kopf Rechten) Zug um Zug verabredet werden. So würde dann das Konzept einer kritischen Nachhaltigkeit hinsichtlich der Nutzung knapper Ressourcen umgesetzt und dient dabei dann auch der Finanzierung der notwendigen Balancierungsprozesse.

V.3.5 Bedingungsloses Grundeinkommen

Eine weitere zentrale Frage für die Realisierung des Ziels einer fairen Partizipation an Wohlstand und Wertschöpfung ist die Organisation der Sozialsysteme. Wenngleich dieses Thema nicht im Rahmen der vorliegenden Ausarbeitung detailliert wird, soll doch zumindest hier ein Aspekt andiskutiert werden und zwar, ob Erwerbstätigkeit als Basis für die Sozialsysteme und damit als grundlegende Basis für eine potentielle Teilhabe und faire Teilhabe an Wertschöpfung und Wohlstand auf Dauer für die Gesellschaft der richtige Weg sein kann. Vor dem Hintergrund der vor uns liegenden doppelten Herausforderung (vgl. hierzu Kap. I) ist hier zu sehen, dass zwar anzustreben ist, das gesamte Bruttoinlandsprodukt für eine faire Teilhabe von zehnmal so vielen Menschen auf diesem Planeten auch um den Faktor 10 zu steigern. Dabei müssen - wie aufgezeigt - aber immense Innovationsleistungen erbracht werden, um die Ressourceneffizienz ebenfalls um den Faktor 10 bzw. mindestens um den Faktor 10 zu verbessern. Bisher war in der Vergangenheit immer auch ein großer Umfang an Innovationen gleichbedeutend mit Fortschritten in der Produktivität, d. h. dass die Produktion von Waren und Dienstleistungen mit immer weniger Erwerbstätigkeit geleistet werden konnte, selbst bei größerem Volumen. Und heute schon ist allein in den „reichen" Ländern, die maßgeblich das gesamte Weltbruttoinlandsprodukt bzw. den größten Teil davon produzieren und konsumieren, Arbeitslosigkeit ein Problem. Zudem steigt die Anzahl der potentiell Erwerbstätigen unter anderem auch, weil die wichtigen Bemühungen zur Geschlechtergerechtigkeit zunehmend erfolgreich sind. Die Qualität des Gesundheitssystems führt dann noch dazu, dass die Menschen immer älter werden und so entweder länger erwerbstätig sein müssen oder deren faire Teilhabe an der Wertschöpfung für einen längeren Zeitraum ohne Erwerbstätigkeit realisiert werden muss.

Dies alles bedeutet letztendlich, dass man für die Zukunft mindestens von zehnmal soviel potentiellen Erwerbstätigen ausgehen muss gegenüber den heute Erwerbstätigen. Die notwendigen Innovationen werden sicherlich auch zu weiteren Produktivitätssteigerungen führen, so dass davon auszugehen ist, dass man selbst für ein zehnmal so großes Bruttoinlandsprodukt nicht zehnmal soviel Erwerbstätige benötigt. Es stellt sich also insgesamt hier auch die Herausforderung einer notwendigen gesellschaftlichen Innovation, um eine faire Partizipation in Zukunft sicherzustellen.

Ein Ansatz dazu wäre ein „bedingungsloses Grundeinkommen". In Reflexion auf die europäische Armutsdefinition, bei der man als „arm" gilt, wenn man über weniger als 50 % vom Durchschnitt verfügt, wäre die Höhe eines „bedingungslosen Grundeinkommens" entsprechend auf 50 % vom Durchschnitt festzulegen (bzw. bei einer Equity von 0,6 auf 60 %).

Ein alternativer Ansatz würde sich über Festlegungen und Verabredungen zu den „Common Goods" - den Allmenden - realisieren lassen. Die kritischen knappen Ressourcen wären dabei die „Common Goods" und jeder Mensch auf diesem Globus hätte ein gleiches Nutzungsrecht.

Der Ansatz eines „common goods"-basierten bedingungslosen Grundeinkommens basiert auf folgenden Überlegungen:

Währungsräume, die hier auch gleichzeitig als Wirtschaftsräume gesehen werden, vereinbaren in einer balancierten Welt eine „common goods"-basierte Wertebestimmung der Sonderziehungsrechte des internationalen Währungsfonds. Die Sonderziehungsrechte sollen so als weltweiter Maßstab zur Bestimmung einer Grundpartizipation dienen. Der Wert leitet sich aus dem Umfang der weltweit insgesamt verfügbaren Common Goods ab, also aus der Summe aller (knappen) Ressourcen der Erde. Derzeit wird der „Wert" eines Sonderziehungsrechtes als gewichtete Summe der am Welthandel beteiligten Währungen bestimmt, ist also „relativ" und nicht „absolut". Die Eigentümerschaft der Common Goods in einer balancierten Welt nach dem Prinzip der Ressourcengerechtigkeit (inkl. Klimagerechtigkeit) liegt bei gleichen Rechten pro Kopf. Dies könnte als „Grundpartizipation" an Wohlstand und Wertschöpfung interpretiert werden. Die Idee ist nun das Handeln dieser Nutzungsrechte (Eigentumsanteile an Common Goods) in der Form zu ermöglichen, dass die jeweils währungsspezifische Zentralbank stellvertretend für den Währungsraum die Nutzungsrechte, beispielsweise am Jahresanfang an den IWF veräußert, der diese Rechte und damit die Eigentümerschaft an den Common Goods mittels Sonderziehungsrechten bezahlt. Sonderziehungsrechte werden anschließend benötigt, um die Ressourcen / Common Goods beispielsweise für eine Verwendung in Produktionsprozessen einzukaufen. Die Sonderziehungsrechte sind dann so das gesetzliche Zahlungsmittel für Common Goods, d. h. auf dem

(Welt-)Markt der knappen Güter. Unternehmen müssen hierfür Sonderziehungsrechte kaufen und bezahlen in der jeweils nationalen Währung.

Die Höhe der „Grundpartizipation" der Bürgerschaft kann dabei der nationalen Zuständigkeit obliegen. Denkbar wäre hier aber die Festlegung eines „bedingungslosen Grundeinkommens", das sich aus dem (währungsspezifischen) nominalen Wert eines Nutzungsrechtes auf den „Gesamtkorb" aller knappen Ressourcen ableitet.

Danksagung

Die Erkenntnisse und Ergebnisse, die ich auf der Basis einer mehrjährigen tiefen Analyse des Weltfinanzsystems gewonnen und im Buch „Weltfinanzsystem am Limit - Einblicke in den „Heiligen Gral“ der Globalisierung“ veröffentlicht habe, waren bedrückend. Die Rückmeldungen renommierter Persönlichkeiten aus dem Finanzsegment auf vorab verschickte Versionen dieser Analysen, unter anderem mit dem Hinweis „die alarmierende Einschätzung überwiegend nicht zu teilen“, machten Hoffnung, dass für die Ausarbeitung einer auf Nachhaltigkeit ausgerichteten Finanz- und Steuerordnung genügend Zeit verbleiben würde. Die Eskalation der Weltfinanzkrise im Jahr 2008 machte diese Hoffnung gänzlich zunichte. Daher war es notwendig, gerade in der zweiten Hälfte des Jahres 2008 unter höchstem Zeitdruck die Konkretisierung einer Ausgestaltung voranzutreiben. Ohne Unterstützung wäre dies undenkbar gewesen.

Ich möchte mich bei allen bedanken, die mir mit Rat und Tat zur Seite standen, damit dieser Text in so kurzer Zeit entstehen konnte. Ohne die auch finanzielle Unterstützung durch die Stifter des Instituts, dem Forschungsinstitut für anwendungsorientierte Wissensverarbeitung (FAW/n) in Ulm, insbesondere durch den Bundesverband für Wirtschaftsförderung und Außenwirtschaft (BWA) und die Firma Zwick / Roell, aber auch durch die besondere Förderung durch die Stiftung „Forum für Verantwortung“ und ihrem Stifter und Vorstand Klaus Wiegandt, wäre diese Arbeit nicht möglich gewesen.

Neben der engen Zusammenarbeit mit Prof. Dr. Dr. Franz Josef Radermacher gilt mein Dank für die inhaltlichen Beiträge und die kritische Durchsicht des Manuskriptes besonders: Claus Baier, Helmut Beckemeier, Bernd Essler, Prof. Dr. Alfred Katz, Dr. Bernhard Schareck, Reiner Ungerer.

Bei meinen drei Frauen Anja, Desiree und Monika Solte bedanke ich mich für den besonderen familiären Rückhalt und möchte mich dafür entschuldigen, dass diese Thematik einen solch intensiven Schwerpunkt in dem engen Zeitbudget der vergangenen Monate gebildet hat.

Meiner Mitarbeiterin Elke Moc danke ich für die Zusammenstellung des Textes und die Mühe, die sie sich bei den vielen Korrekturzyklen gemacht hat. Herrn Robert Martinez danke ich für die Gestaltung der endgültigen Druckversion.

Ulm, Februar 2009 *Dirk Solte*

Anmerkungen:

1 Sergey Kapitza hat in seinem Buch "Global Population Blow-Up and After" [9] das quadratische Prinzip ausgearbeitet, das im Kern aussagt, dass sich die Innovationsgeschwindigkeit vervierfacht, wenn sich die Anzahl der Menschen verdoppelt. Wir befinden uns deshalb in einer ganz anderen Situation als in der Vergangenheit, weil der Zwang zum Wandel jetzt so hoch ist, dass sich das Verhalten der Menschen während ihres Lebens mehrfach ändern muss. Das war in der Vergangenheit nie so. In der Vergangenheit konnte eine Generation den Wandel vorbereiten, der dann von der nächsten Generation gelebt werden musste. Aber auch ökonomisch stellt dieses hohe Innovationstempo ein Problem dar, weil die Abschreibungszyklen von derzeit drei bis vier Jahren zu lang sind, wenn die Innovation dazu führt, dass Maschinen, Geräte usw. schneller ausgetauscht werden müssen.

2 In seinem Buch „Der göttliche Ingenieur“ [11] wird von Jacques Neirynck die Rolle der technischen Entwicklung für die Entwicklung der Menschheit und die Ressourcennutzung beschrieben. Ausgehend von der Beobachtung, dass sich in der gesamten Menschheitsgeschichte die Gesellschaften zunächst in ihrem regionalen Umfeld ausgedehnt haben, bis die Ressourcen übernutzt waren, war Technik immer ein Ansatz zu versuchen, diese Grenze weiter auszudehnen. Da aber eine neue Technik bislang immer dazu geführt hat, den Konsum noch weiter aus-

zuweiten – der „Bumerang“-Effekt – mussten Gesellschaften immer auch neue Territorien „erobern“, d. h. sich auch geographisch ausweiten. Heute ist zum einen die geographische Ausweitung ohne Konflikt nicht mehr möglich und der notwendige technologische Fortschritt, das Innovationstempo, so hoch, dass unsere Gehirne und unsere Ökonomie überfordert sind.

3 Hier wird Bezug genommen auf das Prinzip des ökologischen Fußabdrucks von Mathis Wackernagel und William Rees [23]: Aktuelle Daten finden sich z. B. unter www.footprintnetwork.org

4 Die Klimasituation wird ausführlich im vierten IPCC-Sachstandsbericht / AR4 SYR dargestellt. (www.ipcc.ch/ipccreports/ar4-syr.htm). Verschiedene Kurzdarstellungen findet man z. B. unter www.de-ipcc.de

5 Nach europäischer Armutsdefinition ist arm, wer über weniger als die Hälfte des Durchschnitts verfügt.

6 Eine Übersicht über die „Hungerfakten“ finden sich z. B. auf den Internet-Seiten des World Food Programm http://www.wfp.org/aboutwfp/facts/hunger_facts.asp

7 Details hierzu finden sich in dem Bericht „World Health Statistics 2007“ der World Health Organization (WHO), www.who.int/whosis/whostat2007.pdf

8 vgl. hierzu beispielsweise “The World Health Report 2005, make every mother and child count” der WHO, *www.who.int/whr/2005/whr2005_en.pdf*

9 Hans Küng hat im “Projekt Weltethos”, München 2004, herausgearbeitet, welche Grundwerte alle Religionen der Welt gemeinsam tragen können. Diese wurden vom „Parlament der Weltreligionen“ 1993 verabschiedet. In der Erklärung (*www.Weltethos.org*) heißt es u. a. „Wir sind alle voneinander abhängig. Jeder von uns hängt vom Wohlergehen des Ganzen ab. Deshalb haben wir Achtung vor der Gemeinschaft der Lebewesen, der Menschen, Tiere und Pflanzen, und haben Sorge für die Erhaltung der Erde, der Luft, des Wassers und des Bodens“. Weiter heißt es: „Wir müssen andere behandeln, wie wir von anderen behandelt werden wollen. Wir verpflichten uns, Leben und Würde, Individualität und Verschiedenheit zu achten, so dass jede Person menschlich behandelt wird - und zwar ohne Ausnahme.“
Vor diesem Hintergrund umfasst die „Würde der Natur“ auch das (Über-)Leben anderer Geschöpfe und nicht nur die Forderung, dass nachfolgende Generationen (von Menschen) gleiche Möglichkeiten zur Entfaltung haben.

10 Eine regionale Herangehensweise mit Analyse und Aktionen findet sich am Beispiel Oberösterreich in Radermacher, F.J.; Solte, D.: „Oberösterreich als europäische Nachhaltigkeitsregion“, 2007, zu beziehen über die Oberösterreichische Akademie für Umwelt und Natur, Anfrage an uak.post@ooe.gv.at

11 Eine eindrückliche Darstellung dieser Problematik findet man u. a. in dem Film „Unser Planet“ (Originaltitel „The Planet“), Regie: Michael Sternberg, Linus Torell, Johan Söderberg aus dem Jahr 2006, *http://de.wikipedia.org/wiki/unser_planet*

12 "Brasilianisierung" ist als Begriff von Ulrich Beck [1] in die soziologische Debatte eingeführt worden. Damit bezeichnet er den Wandel Europas in Richtung einer zunehmenden sozialen Ungleichheit. Er beschreibt damit seine Prognose für die europäische Gesellschaft hinsichtlich eines Zerfalls der Bürgergesellschaft, Zerrüttung der Mittelschicht, Öffnung der Einkommensschere zwischen reichen Eliten und verarmender Masse, wie man es aus einem Land wir Brasilien kennt. Franz Josef Radermacher hat diesen Begriff zur Beschreibung einer von drei möglichen Zukunftsszenarien aufgegriffen [16].

13 Thomas Kämpke, Robert Pestel und Franz Josef Radermacher haben die bisherigen Gesellschaftssysteme, insbesondere die Verteilung von Einkommen untersucht und ein Konzept zur Messung von Teilhabe entwickelt [10]. Dieses „equity-Konzept“ kommt zu dem Schluss, dass das Verteilungsmuster wohl-

habender Staaten in einem Bereich liegt, in dem die 20 % Wohlhabendsten einer Gesellschaft über ca. 35 % bis 50 % des Gesamteinkommens verfügen, dementsprechend die restlichen 80 % über 50 % bis 65 %. Extreme Ungleichheit, genauso aber auch vollständige Gleichheit führen, wie aktuell und in der Vergangenheit zu beobachten, nicht zu einem hohen Maß an Wohlstand für alle.

14 Hier ist auch an ein „bedingungsloses Grundeinkommen“ im Sinne einer garantierten Teilhabe zu denken, wie es z. B. Götz Werner in seinem Buch „Einkommen für alle“ [24] vorschlägt. Denn es ist nicht davon auszugehen, dass man für das Zehnfache an Wertschöpfung (gegenüber heute) auch zehnmal so viel Erwerbstätige benötigt.

15 Die europäische Armutsdefinition besagt, dass jemand arm ist, wenn er weniger als die Hälfte des Durchschnitts zur Verfügung hat. 15 % vom Durchschnitt (d. h. die Reduktion um 85 %) sind ca. 1/6 des Durchschnitts.

16 In Deutschland wurde mit der Unternehmens- und Einkommenssteuerreform 2008 ein Quellensteuerabzug von 25 % auf Einkommen aus Finanzvermögen eingeführt. Bei einem persönlichen Steuersatz darunter kommt der niedrigere Satz zur Anrechnung. Die Steuersätze auf andere Erträge liegen für Körperschaften (ca. 30 %) und höhere Einkommensgruppen (bis 42 %) darüber.

17 G20 Gipfel „Finanzmärkte und Weltökonomie“ vom 15. November 2008, *http://www.bundesregierung.de/Content/DE/Artikel/2008/11/2008-11-15-erkl_C3_A4rung-finanzmarkt.html*

18 Bundesministerium für Finanzen: Bundesfinanzminister Peer Steinbrück zum Finanzmarktstabilisierungsgesetz am 15. Oktober 2008 vor dem Deutschen Bundestag, *www.bundesfinanzministerium.de/nn_54098/DE/Presse/Reden_20und_20Interviews-/096_Rede_BT_1510088.html*

Literatur:

[1] Beck, Ulrich:
„Schöne neue Arbeitswelt. Vision: Weltbürgergesellschaft", Frankfurt am Main, Campus, 1999

[2] The Technical Committee of the International Organization of Securities Commissions: „Code of Conduct Fundamentals for Credit Rating Agencies", 2008

[3] Diamond, Jared:
„Kollaps – Warum Gesellschaften überleben oder untergehen", ISBN 978-3100139047, Frankfurt a.M., Verlag Fischer 2005

[4] Fisher, Irwing:
„The Debt-Deflation Theory of Great Depressions", Econometrica, October 1933, 1, pp. 337-57

[5] Hesse, P., Global Marshall Plan Initiative (Hrsg.):
„Solidarität, die ankommt! Ziel-effiziente Mittelverwendung in der Entwicklungszusammenarbeit", Hamburg 2006

[6] IPOC, WMO / UNEP, Intergovernment Panel of Climate Change: Climate Change 2007, Synthesis Report, 2007

[7] Jarass, Lorenz; Obermair, Gustav M.:
„Jeder sollte Steuern zahlen – Ein Beitrag zur Unternehmenssteuerreform 2008“, Ulm 2006, Global Marshall Plan, ISBN 3-9809723-9-9, CPI-Books Ulm 2006

[8] Jarass, Lorenz; Obermair, Gustav M.:
„Tax on EBIT instead of profit“, EC Tax Review, 2008-3

[9] Kapitza, Sergey P.: *„Global Population Blow-Up and After“*. The Demographik Revolution and Information Society. Report of the Club of Rome and the Global Marshall Plan Initiative, Hamburg 2005

[10] Kämpke Thomas, Pestel Robert, Radermacher Franz Josef:
„A computational concept for normative equity, Europ. J. of Law and Economics, No. 15, Vol. 2,129-163, 2003“

[11] Neirynck, Jacques: *„Der göttliche Ingenieur – Die Evolution der Technik“*, Renningen-Malmsheim 1998, ISBN 3-8169-1982-0, Expert-Verlag, 1994

[12] Institute of International Finance: „Final Report of the IIF Committee on Market Best Practices: Principles of Conduct and Best Practice Recommendations“, 2008

[13] Radermacher, Franz Josef:
„Balance oder Zerstörung - Ökosoziale Marktwirtschaft als Schlüssel zu einer weltweiten nachhaltigen Entwicklung“,
ISBN: 3-7040-1950-X, Ökosoziales Forum Europa. Wien 2002

[14] Radermacher, Franz Josef:
„Global Marshall Plan - ein Planetary Contract“,
Global Marshall Plan, ISBN 3-9501869-2-1, 2004

[15] Radermacher, Franz Josef: *„Die neue Zukunftsformel“*,
Bild der Wissenschaft, Heft 4/2002, S. 78-86, April 2002

[16] Radermacher, Franz Josef; Beyers, Bert:
„Welt mit Zukunft - Überleben im 21. Jahrhundert“,
ISBN 978-3-93017-86-9, Murmann-Verlag 2007

[17] Rawls, J.: *„A Theorie of Justice”*,
Oxford University Press, London, 1978

[18] Riegler, Josef:
„Antworten auf die Zukunft, Ökosoziale Marktwirtschaft“,
Adolf Holzhausens NfG., Wien, ISBN 3-900-518-05-X, 1990

[19] Schmidt-Bleek, Friedrich:
“Das MIPS-Konzept. Weniger Naturverbrauch, mehr Lebensqualität durch Faktor 10”, München 1998

[20] Solte, Dirk: „Weltfinanzsystem am Limit - Einblicke in den „Heiligen Gral“ der Globalisierung“, ISBN 978-3-9811715-2-2, Terra Media Verlag Berlin 2007

[21] Spahn, P.B.: “Zur Durchführbarkeit einer Devisentransaktionssteuer“, Gutachten im Auftrag des Bundesministeriums für Wirtschaftliche Zusammenarbeit und Entwicklung, Bonn, Frankfurt a.M. 2002

[22] Wackernagel, M. et al: „Tracking the ecological overshoot of the human economy“, PNAS, Vol. 99, No. 14, 9266-9271, 2002

[23] Wackernagel, Mathis u. Rees, William: „Unser ökologischer Fußabdruck. Wie der Mensch Einfluss auf die Umwelt nimmt“, Basel 1997

[24] Werner, Götz: „Einkommen für alle“, Koepenheuer & Witsch, 2007, ISBN 346-2037-75-7, 2007

[25] Wicke, L.; Spiegel, P.; Wicke-Thüs, I.: „Kyoto-Plus - so gelingt der Klimawandel“, München, 2006

Ulm

Forschungsinstitut für
anwendungsorientierte
Wissensverarbeitung/n
Lehrstuhl für Informatik
an der Universität Ulm

Zukunftsforschung und Wissensmanagement

Ein multidisziplinärer Ansatz

Der vom FAW/n verfolgte Ansatz ist multidisziplinär. Er verbindet Insiderwissen hinsichtlich der Rolle von Technik und Innovation mit neuartigen Einsichten bzgl. der Gestaltung von (welt)ökonomischen Prozessen, der Behandlung der Umwelt und Ressourcenfragen und der Gestaltung der sozialen Balance.

Dies gilt sowohl innerhalb als auch zwischen Gesellschaften und zielt auf die adäquate Verankerung dieser Themen in einer zukünftigen Weltordnung. Ein besonderes Anliegen besteht in den Bereichen Bildung, Ausbildung und Wissen, ferner geht es um die Rolle von Chancengleichheit und die Organisation von Mobilität. Ziel ist eine bessere Gestaltung der Globalisierung und von Global Governance, orientiert an der Leitidee einer nachhaltigen Entwicklung.

Großes Interesse gilt dabei auch den Chancen und Risiken für Demokratie und die Offenheit von Gesellschaften (im Popperschen Sinne) in Zeiten der Globalisierung und des unmittelbaren Aufeinandertreffens unterschiedlicher Kulturen. Daraus werden relevante Handlungsoptionen für Unternehmen, die öffentliche Hand, aber auch für die Menschen als tragende Elemente der Wirtschaft abgeleitet, gerade auch mit Bezug zu Themen wie Global Corporate Responsibility, Sustainability Indices im Bereich von Finanzierungsinstrumenten, Label im internationalen Handel, Rolle von Fair Trade, etc.

Netzwerk

Das FAW/n ist als Think Tank und Impulsgeber eng verbunden mit der Arbeit von Nichtregierungsorganisationen und anderen Einrichtungen. Wichtige Partner des FAW/n sind folgende Organisationen:

The Club of Rome

Ökosoziales Forum Europa

Club of Budapest International

global contract foundation
stiftung weltvertrag

Global Marshall Plan
balance the world with an Eco-Social Market Economy

Rotarian Action Group for Population & Development (RFPD)

Stifter

AL-KO Kober AG

BWA-Bundesverband für Wirtschaftsförderung und Außenwirtschaft, Deutscher Wirtschaftsverband e.V.

Deutscher Sparkassen Verlag GmbH

Müller Weingarten AG

Stadtsparkasse KölnBonn

M+W Zander Holding

Verband der Sparda-Banken e.V.

UNiQUARE Financial Solutions

Zwick GmbH & Co. KG